하루 5분 머니로그

재테크 초보를 위한
100일 완성 부자 습관

하루 5분
머니로그

손희애 지음

RHK
알에이치코리아

추천의 말

그 어느 때보다 '돈'이 화두가 된 시대입니다. 자본소득이 근로소득을 앞질러야 한다고, 월급 모아 저축만 해서는 답이 없다고들 말합니다. 들리는 말을 어디까지 믿어야 할진 모르지만, 재테크에 관해서라면 '아는 것이 미덕'이 됐죠. 시간이 없어서, 내 취향이 아니라서, 성공하지 못할까 봐 체념하긴 이릅니다. 변화의 필요성을 절감한다면, '개념 있는 희애 씨'의 말을 들어보길 바랍니다. 누구보다 건강하고 유쾌하며, 알뜰하게 이 세상을 살아가는 팁을 전해줄 테니까요. _책발전소 대표, 방송인 김소영

· ·

어느 때보다 무더웠던 2012년 여름, 중국 동북3성 항일유적지를 탐방하는 프로그램에서 인솔자와 대학생 대원으로 희애를 만났습니다. 그 대장정에서 학생대장으로 선발되어 훌륭한 리더십과 사명감으로 제 역할을 똑 부러지게 해냈던 희애가, 사회초년생뿐 아니라 부끄럽지만 중년의 나이에도 금융 문맹인 저 같은 사람을 위해 이렇게 훌륭한 필독서를 만들었네요.

이익만 좇는 것은 바람직하지 않지만 그렇다고 본인의 무지로 눈앞의 이익을 쫓아낼 필요는 없겠죠. 10년만 일찍 이 책을 봤더라면 삼둥이에게 더 좋은 아빠가 되었을 것 같습니다. 이 책을 써준 손희애 작가에게 다시 한번 고맙다는 말을 전합니다. _배우 송일국

주변에 돈 좀 벌었다는 사람은 많았지만, 정작 당장 따라 할 수 있는 현실적인 방법을 알려주는 사람은 없었습니다. 기초 지식조차 단단히 쌓지 않고 '하이 리스크, 하이 리턴'을 추구하며 도박하듯 재테크를 해왔던 저에게, 스스로 내 집 장만을 하고 N잡러로 부지런히 뛰어다니는 희애 씨의 모습은 충격적이었죠. 희애 씨의 쏠쏠한 팁들은 절약이 이렇게 재미있구나, 은행이 생각보다 가까이 있구나, 나도 부자가 될 수 있겠구나 생각하게 해주었습니다. 게임하듯 재밌게 재테크를 하면서 금융 지식도 쌓고 싶다면 이 책을 꼭 읽어보길!

_유튜버 가전주부(최서영)

• • •

'구슬이 서 말이라도 꿰어야 보배'라는 말이 있죠. 은행에서 30년 넘게 근무하는 동안 늘 이런 책이 있었으면 했는데 바쁘다는 핑계로 엄두를 내지 못했습니다. 그렇기에 더더욱 손희애 작가가 이처럼 깊이 있고 보배 같은 책을 꿰어낸 데에 진심으로 박수를 보냅니다.

특히 이 책은 사회초년생들이 금융 전반에 관한 지식을 쌓는 데에 좋은 길잡이가 되어줄 책입니다. 재테크 방법을 몰라 이곳저곳 헤매는 젊은이들에게 적극 추천하며, 많은 사람이 오래도록 곁에 두고 보는 책이 되기를 기원합니다.

라디오 출연에 유튜브 채널 관리까지 바쁜 일상에도, 부지런히 시간을 쪼개어 출간을 위해 노력한 손희애 작가에게, 같은 금융인으로서 존경과 감사의 마음을 보냅니다. 금융 초보들에게 《하루 5분 머니로그》가 좋은 금융 양식이 되기를 바랍니다. _우리금융그룹 우리신용정보(주) 전무이사 박인좌

다이어트는 내일부터,
재테크는 오늘부터!

"안녕하세요. MLBB 크리에이터 개념 있는 희애 씨입니다."

제 유튜브 채널에서 영상의 시작을 알리는 인사말입니다. MLBB는 'My Life But Better'의 줄임말로, '더 나은 일상을 함께 만들어 가는 크리에이터'라는 뜻을 담아 만들었습니다. 금융 콘텐츠를 주로 다루는 제 채널이 많은 분의 관심과 사랑을 받게 된 건 아마 은행원 경력 덕분이 아닐까 합니다.

은행원으로 근무하던 시절, 고객을 상담하면서 안타깝다고 느낀 순간이 많았습니다. '재테크' 하면 부동산이나 주식이 가장 먼저 떠오르긴 합니다. 하지만 정작 가장 중요한 걸 눈앞에서 놓치는 분이 많았습니다. 돈을 크게 불리는 것보다 먼저 해야 하는 것은 탄탄하게 모으는 것입니다. 적은 돈이라도 안전한 곳에 모으고, 자칫 돈이 샐 수 있는 작은 구멍까지

막는 것이 우선되어야 합니다. 이를 위해 가장 필요한 것이 바로 '금융 기초 개념'을 갖추는 일이죠.

"연말정산이 뭔가요?"

대기업 임직원을 대상으로 연말정산 관련 꿀팁을 잔뜩 늘어놓던 강의에서, 한 수강생이 겸연쩍게 손을 들며 꺼낸 말이었습니다. 이 질문이 이 책의 시작점이었다고 해도 과언이 아닙니다. 누구나 아는 것처럼 보이는 필수 개념을, 모두가 알고 있는 것은 아니라는 걸 제대로 직면한 순간이었으니까요. 재테크 초보에게 '연말정산', '대출', '금리' 같은 금융 용어는 외계어처럼 들릴 테고, 알고 있더라도 무엇부터 어떻게 시작해야 할지 감이 오지 않을 겁니다. '카더라 통신'에 의존해 좋다고 들은 상품에 무작정 가입하거나, 본인의 상황과는 무관한데도 그저 은행원에게 선택을 맡기는 상황이 발생하는 이유죠. 금융 지식을 조금만 더 확실하게 갖추고 있다면 내일의 우리는 달라질 수 있습니다.

돌아보면 저 역시 학생 때 금융 관련 교육을 받은 기억이 없습니다. 성인이 된 후로도 마찬가지였죠. 사실 우리 일상에 요긴하게 쓰일 노하우는 수학 문제를 잘 푸는 것도, 하늘의 별자리를 잘 읽는 것도 아닌데 말이죠. 지금 우리에게 가장 필요한 금융 공부를, 이 책으로 오늘부터 시작해 봅시다. 평생 숙제처럼 따라다니는 다이어트는 내일로 조금 미뤄도 괜찮지만, 평생을 좌우하는 금융 공부는 더 이상 미뤄선 안 되니까요.

이 책의 마지막 장을 덮는 순간, 분명 놀라실 겁니다. '책을 통해 기초 지식을 습득했을 뿐인데, 이렇게까지 변할 수 있구나' 하고 말이죠. 다른 사람의 속도를 따라가려 애쓰지 마세요. 더 이상 모르는 것을 아는 척하며 자기 자신을 속이지도 말고요. 각자에게 부족한 필수 개념을 차곡차곡 쌓아가며 우리의 속도대로 더 멀리 나아가는 법을 터득하면 됩니다.

MLBB 크리에이터, 저 손희애와 함께라면 여러분 모두 더 나은 일상과 더 두둑한 주머니를 만드실 수 있을 겁니다. 책이 나오기까지 함께해 주신 나의 가족, 지인들 그리고 구독자분들께 진심으로 고맙다는 말을 전합니다.

차 례

내 꿈은 은행 정복
예·적금/저축

슬기로운 금융생활

카드/대출

전략적 접근, 골라 먹는 혜택

3장

금융 서비스

졸라매자 허리띠!

짠테크/세테크

1장
내 꿈은
은행 정복

예·적금 / 저축

진짜 주거래 은행 찾기

▶ 주거래 은행?
▶ '체리 피커' 따라잡기

"여러분의 주거래 은행은 어디인가요?"

강의를 들으러 오신 분들께 제가 제일 먼저 묻는 질문입니다. 대체로 '왜 이런 질문을?'이라는 표정으로 보시거나, 나지막이 본인이 사용하고 있는 은행명을 대답하시죠. 그러면 저는 또 물어봅니다. "그 은행이 진짜 주거래 은행일까요? 왜 그렇게 생각하세요?"라고요. 아마 지금 여러분도 마음속으로 은행 하나쯤 떠올리고 계시겠죠. 그 은행을 주거래 은행이라고 판단하신 이유가 혹시 "오래 사용해 와서"인가요?

은행이 생각하는 '주거래 고객'의 기준은 조금 다릅니다. 떡을 손에 쥐고 있는 사람에게 떡을 얻어먹으려면, '어떻게' 해야 얻을 수 있는지 알아야겠죠. 우리가 은행으로부터 주거래 고객으로 인정받고 이에 따른 혜택을 얻기 위해서는 은행의 관점, 즉 '우대 고객 인정 항목'을 파악해야 합니다.

1 은행에게 인정받기

✅ 거래 기간

거래실적 범위

구분[주1)]		항목	기준	단위점수	최고평점
KB국민은행	상품 거래실적	총예금 평균잔액	입출금예금평잔(MMDA제외)	10만원당 10점	제한없음
			신탁, 투신(MMF제외), 방카슈랑스 평잔	10만원당 6점	제한없음
			예금평잔(MMDA, MMF포함)	10만원당 4점	제한없음
		총대출평잔	대출평잔(가계,기업)	10만원당 3점	제한없음
		외환거래실적	환전, 송금, T/C매도, 외화수표 매입	10만원당 1점	800점
	기타 거래실적	급여(연금) 이체 건수	최근 3개월 이내 2개월 이상 이체할 경우 [주2)]	300점	300점
		주거래이체건수	최근 3개월간 1개월 이상 각각 KB카드결제, 아파트관리비, 공과금, 가맹점 이체 한 경우	이체시 항목당 20점	80점
		거래기간개월수	최초 거래일 기준 당행 거래년수	1년당 10점	300점
		상품군개수	입출금,적립식,거치식,청약,신탁,투신,방카슈랑스,대출,무역외거래,인터넷뱅킹(10개 항목)	상품군 1개당 25점	250점

▲ KB국민은행 고객우대제도 캡처 화면

우리가 주거래 은행의 기준으로 가장 먼저 떠올리는 '거래 기간'부터 살펴봅시다. 사진처럼 KB국민은행에서는 최초 거래일 기준으로 거래한 기간에 따라 1년당 10점을 부여하고, 최고 평점으로 300점 제한을 두었습니다. 즉, 우리가 해당 은행을 5년 동안 사용했다면 50점을, 20년 동안 사용했다면 200점을 받을 수 있습니다. 최고 평점인 300점을 받기 위해서는 30년 동안 사용하면 되겠네요.

✅ 급여 이체 건수

특히 사회초년생은 급여를 받기 시작하면서 특정 은행에서의 거래가 많아집니다. 따라서 급여 이체는 은행에게도, 우리에게도 매우 중요하죠. 앞서 본 자료를 다시 살펴보면 KB국민은행에서는 최근 3개월 이내 2개월 이상 급여를 이체한 경우 300점을 부여하고 있습니다. 놀랍죠? 고작 2개월 이상 즉, 2번의 급여를 이체한 경우에 받는 점수가 30년 동안 지속해서 거래하며 얻은 점수와 동일하니까요. 은행이 거래 기간과 급여 이체 건수 중 어디에 더 무게를 두는지 단번에 보여줍니다.

한편 '최고 평점'에 제한이 없는 항목들도 있습니다. 거래를 많이 하면 할수록 점수를 계속해서 부여하겠다는 의미죠. 이는 해당 항목들이 은행에게 보다 더 큰 이점을 가져다준다는 뜻도 됩니다.

이런 항목에는 대표적으로 '총 예금 평균 잔액'과 '카드 신용구매 결제 금액'이 있습니다. 입·출금 예금 평균 잔액은 10만 원당 10점이 부여되고, 신용카드 구매 결제 금액은 10만 원당 6점이 부여됩니다. 결국 더 많은 금액을 통장에 예치해 두는 고객에게, 더 많은 금액을 신용카드로 소비하는 고객에게 은행은 지속해서 점수를 부여합니다.

내 고객 점수 확인하기

앞에서 은행이 어떤 고객들에게 떡 하나를 더 주는지 알아봤습니다. 물론 우리가 한 은행만 이용한다면 이를 알아볼 필요가 없겠죠. 다만 저금리 시대에는 각 은행마다 통장을 개설해 두고 고금리 적금이나 기타 상품의 혜택을 누리는 체리피커cherry picker들이 많습니다. 그러니 내 주거래 은행이 어디인지는 정확히 알아야 조금이라도 더 많은 혜택을 제대로 누릴 수 있겠죠?

▲ 은행 앱 등급 확인 화면

내가 받을 수 있는 혜택이 어느 정도인지, 어디서부터 어떻게 혜택을 계산해야 할지 모르겠다면 알아두세요. 대부분의 은행은 '당행에서는 당신을 이렇게 평가하고 있습니다'를 점수로 표시합니다. 각 은행 홈페이지나 은행 앱에 들어가 로그인해 보면 바로 확인할 수 있죠. 대부분 '마이페이지' 혹은 '등급선정 실적조회' 등의 유사 메뉴를 통해 어렵지 않게 알 수 있습니다. 각 은행이 나에게 부여한 점수를 비교했을 때, 가장 높은 점수의 은행이 현재 나의 주거래 은행입니다.

3 주거래 은행의 깨알 이득

　　굳이 주거래 은행을 알고 있어야 하나 싶은 분들도 계실 겁니다. 네, 당연히 알고 계셔야 합니다. 우리가 받을 수 있는 '혜택'의 규모가 달라지니까요. 주거래 은행에서 받는 혜택은 크게 세 가지가 있습니다.

✅ 예·적금 이자

　　요즘 같은 저금리 시대에는 예·적금에 붙는 이자 금액이 야박하다고 느껴집니다. 그래도 만기일에 마주한 잔고를 볼 때면 마음이 어찌나 풍족한지 모릅니다. 주거래 고객이라면 이 작고 소중한 이자를 아주 조금이라도 더 올려볼 수 있다는 것, 알고 계신가요?

　　최근에는 급여 이체 고객에게 우대금리를 제공하는 경우가 대부분이고, 이외에도 은행 마케팅에 동의하면 금리를 더 올려주는 경우도 있습니다. 가게 주인들이 단골 고객에게 덤을 주듯, 은행들도 당행에 '충성'하는 고객들에게 떡 하나라도 더 챙겨주는 겁니다.

✅ 대출 이자

은행에서는 대출 심사를 통해서 금리를 산정합니다. 빌려준 돈에 대한 대가로 매달 일정의 이자를 요구하는 거죠. 은행은 금리를 산정할 때 고객이 해당 은행에서 신용카드를 사용하고 있는지, 자동이체가 신청돼 있는지, 청약통장이 당행에 가입되어 있는지 등의 다양한 요소로 주거래 고객 여부를 판단합니다.

물론 '지금 은행에서 이 모든 것을 이용하겠습니다' 하며 새롭게 가입하면 혜택을 받을 수 있겠죠. 하지만 기존 주거래 고객이었다면 단 0.01%의 금리라도 혜택을 더 받을 확률이 커집니다.

✅ 환전 수수료

주거래 고객이라면 환전을 할 때에도 우대를 받습니다. 보통 환전을 할 때 쓰는 '우대를 잘 받았다' 혹은 '90% 우대' 등의 표현은 모두 '환전 수수료'에 대한 것입니다.

보통 해당 은행에 주택 청약통장을 보유하고 있거나 기존의 거래 실적이 인정되는 경우 수수료의 일정 부분을 감면받을 수 있습니다. 이러한 수수료 우대도 많이 환전할수록 무시할 수 없는 금액이 되기 때문에, 기왕이면 거래 내역이 있는 은행에서 환전하는 것이 유리합니다.

적금 VS 예금

▶ 적금과 예금 구분하기
▶ '진짜' 금리 계산하기

 "제가 지금 월 50만 원씩 예금을 넣고 있는데 당분간 입금을 못 할 것 같아요. 이런 경우 만기 날짜는 어떻게 되나요?"

제 유튜브 채널에 달린 댓글을 하나 가져왔습니다. 이 댓글에서 이상한 점을 같이 찾아볼까요?

위의 문장에서 이상한 점을 단번에 느끼지 못했다면 적금과 예금의 차이를 정확하게 이해하지 못하고 계신 겁니다. 하지만 걱정하지 마세요. 지금부터 적금과 예금의 차이는 물론 '진짜' 금리를 계산하는 방법까지 알아보겠습니다.

1 저희 쌍둥이 아니에요!

적금과 예금을 헷갈려 하는 건 대체로 적금과 예금을 동일한 상품으로 착각하기 때문입니다. 각 단어를 이루고 있는 한자의 뜻을 명확하게 파악하면 그 의미를 더 쉽게 이해할 수 있습니다.

적금의 '적'은 '쌓을 적'자로, 달마다 일정 금액을 적립해 나가는 방식의 상품입니다. 반면 예금의 '예'는 '맡길 예'자로, 목돈을 한꺼번에 맡겨 두는 방식의 상품이죠. 다시 말해 매달 일정 금액을 조금씩 적립해 가는 저축 상품이 '적금', 목돈을 가입한 날짜에 예치한 뒤 만기일까지 묶어두는 상품이 '예금'인 거죠.

단, 주의할 것은 여기에서 우리가 이야기하는 예금은 정기예금을 지칭합니다. 예금 역시 보통예금과 정기예금, 두 가지로 나뉘는데요. 보통 목돈을 묶어두고 이자를 받는 통장은 정기예금입니다. 보통예금은 우리가 가장 많이 쓰는 통장인 입·출금 통장의 정식 명칭이고, 언제든지 입·출금이 가능하지만 이자는 거의 없다는 것이 특징입니다.

적금은 정기적금과 자유적금으로 나눌 수 있습니다. 매달 고정적인 날짜에 정해진 금액을 저축하는 상품을 정기적금, 본인의 주머니 사정에 따라 매달 자유롭게 금액을 정해 저축하는 상품을 자유적금이라 합니다.

정기적금은 매달 일정 금액을 저축하는 강제성을 지닌 만큼 빠르게 돈을 모으는 데 수월하지만, 수입이 일정하지 않은 분들에게는 부담이 되죠. 일반적으로 정기적금이 자유적금보다 금리가 높은 편입니다. 반면 자유적금은 내 주머니 사정에 따라 저축이 가능하므로 자유로워 보이지만, 말 그대로 '자유'이기 때문에 목돈 모으기가 쉽지 않습니다.

아래 사진을 보면 상품명 옆에 '자유적립식'과 '정액적립식'이라 적혀 있죠? 이 부분이 바로 자유적금과 정기적금을 구분하는 기준입니다.

			최고 연	
♥신규				
IBK D-day적금		자유적립식	**2.50 %**	
개인의 필요시기, 목적자금에 맞춰 가입해보요!			(12개월)	
개인 | 우대금리 | 비과세				
★인기				최고 연	
i-ONE 놀이터적금		자유적립식	**1.80 %**	📝 가입하기
그룹가입 및 스탬프 적립에 따라 우대금리를 제공하는 비대면전용 자유적립식적금 상품			(12개월)	💬 채팅상담
인터넷 | 개인 | 우대금리 | 비과세				
IBK첫만남통장(적금)		자유적립식	**2.00 %**	
오픈뱅킹을 통해야 가입하면 최대 연 1.0%p 우대금리를 제공하는 오픈뱅킹 전용상품			(6개월)	
개인 | 우대금리 | 비과세				
IBK I LOVE KOREA(정기적금)		자유적립식	**1.30 %**	
외국인 고객을 위한 전용상품으로 다양한 우대금리 제공 및 해외송금수수료 등 감면 혜택 제공			(36개월)	
영업점 | 개인 | 우대금리 | 비과세				

▲ IBK기업은행 적금 리스트

2 진짜 금리와 가짜 금리

우리가 적금에 가입할 때 가장 먼저 보는 것이 뭘까요? 네, '금리'입니다. 가입 기간 동안 이자를 얼마나 많이 주는 상품인지를 확인하죠. 우리는 바로 이 금리에 배신당한 적이 한두 번이 아닙니다.

분명 금리가 7%라고 했는데 만기일에 통장에 찍힌 숫자는 왜 이 모양일까요? 예상보다 훨씬 적은 만기 금액을 보면서 야속함을 느꼈을 텐데요. 그것은 '표면금리'와 '실효금리'를 구분하지 못했기 때문입니다.

앞에서 참고했던 자료를 다시 보겠습니다. 표면금리는 우리가 홈페이지나 앱을 통해서 마주할 수 있는 숫자, 즉 옆 페이지 자료에서 각각 연 2.50%, 연 1.80%, 연 1.30%로 나와 있는 숫자입니다. 반면 실효금리는 우리의 통장에 최종적으로 찍히게 될 '진짜 금리'입니다. 우리가 작고 소중한 이자를 마주하게 된 이유이기도 하고요.

예를 들어보겠습니다. 희애 씨가 1년 만기로 연 3% 금리의 정기적금에 10만 원 불입으로 가입합니다. 1년 만기이기 때문에 총 12개월 동안 즉, 총 12번 일정 금액을 입금하게 되겠죠. 이때 표면적으로 드러나 있는 3%의 금리는 첫 달에 불입한 원금에만 적용되고, 마지막 달인 12개월째엔 0.25% 금리만 적용받습니다. 아래의 표를 볼게요.

1회 차 입금액은 총 12개월 동안 적금 통장에 머물렀지만, 마지막 12회 차 입금액은 단 1개월만 적금 통장에 머물렀습니다. 은행 입장에서는 예치된 돈이 오랜 기간 은행 금고에 머물러야 이득이기 때문에, 1회 차와 12회 차 금액에 대해서 차등을 둬야겠죠?

각 회차별로 통장에 머문 기간만큼 계산해서 금리를 지급하는 겁니다. 이런 논리로 은행

불입월	불입금액	예치 기간	실효금리(세전)
1월	10만 원	12	3%
2월	10만 원	11	2.74%
3월	10만 원	10	2.49%
4월	10만 원	9	2.25%
5월	10만 원	8	1.99%
6월	10만 원	7	1.74%
7월	10만 원	6	1.5%
8월	10만 원	5	1.24%
9월	10만 원	4	0.99%
10월	10만 원	3	0.75%
11월	10만 원	2	0.49%
12월	10만 원	1	0.25%

은 우리에게 1회 차는 표면금리 3%를 모두 지급하고, 12회 차는 3%의 1/12인 0.25%를 지급합니다.

☑ 진짜 금리 계산하는 방법

물론 요즘은 인터넷에 '금리 계산기'를 검색하면 아주 간단하게 금리를 계산할 수 있습니다. 하지만 내가 받는 금리가 산정되는 원리를 알고 있으면 '진짜 금리'인 실효금리를 제대로 파악할 수 있겠죠? 이를 위해 우리가 필수로 알고 있어야 되는 개념이 '월 적수'입니다. 이는 우리가 불입한 금액이 은행에 머무른 기간을 일정 공식으로 수치화한 것인데요. 가입 기간에 따라 달라집니다.

월 적수 계산 공식

계약 월 수 × (계약 월 수 + 1) ÷ 2

실제로 받는 이자 계산

월 불입액 × 표면금리 × 월 적수 ÷ 12

희애 씨가 1년 만기, 80만 원씩 연 3%의 적금을 가입했을 때 공식을 적용해 보면 1년 만기 적금의 월 적수는 78, 3년 만기는 666, 5년 만기는 1,830으로 나옵니다. 우리는 이를 이용해서 '진짜 금리'를 쉽게 계산해 볼 수 있죠.

3 예·적금 해지하지 않는 법

☑ 급전이 필요하면 예·적금 해지부터?

은행에 근무할 때 가장 안타까웠던 고객 유형은 만기가 얼마 남지 않은 예금이나 적금을 해지하는 분들이었습니다. 일반적으로 예상치 못한 급전이 필요하게 되면 대부분 당장 해지할 수 있는 예·적금부터 살펴보시는데요. 사실 가입한 지 얼마 되지 않은 상품이라면 속이 덜 쓰리겠지만, 만기를 한두 달 정도 남겨둔 상황이라면 그동안 힘들게 견딘 인고의 시간들이 주마등처럼 스쳐갈 겁니다.

그런데 이렇게 두 눈 질끈 감고 예·적금을 해지하지 않아도 급전을 구할 수 있다는 것, 알고 계셨나요? 그 방법은 바로 예·적금 담보대출입니다.

인터넷 모바일 영업점

예적금담보대출

긴급한 자금이 필요할 때 중도해지의 불이익이 없는 대출상품 거치식 및 적립식예금/적금을 담보로 예금잔액의 95% 이내(신탁상품 등 제외)

대상고객　　예금,적금,부금,청약상품 및 신탁을 가입하신 고객

대출한도　　납입액의 95% 범위내

♥　🗨　⤴

▲ 신한은행 예·적금 담보대출 화면

담보대출이라는 말 때문에 선뜻 받기 어렵다고 느낄 수도 있습니다. 그러나 예·적금 담보대출은 우리가 이미 예금이나 적금 통장에 차곡차곡 모은 돈을 빌려 쓰는 개념이므로 다른 대출에 비해 부담이 훨씬 적습니다.

✅ 해지보다 나은 대출이 있다고?

그렇다고 모두에게 예·적금 담보대출을 권하는 것은 아닙니다. 반드시 대출금리과 예·적금 만기 시의 금리를 비교한 후 결정해야 합니다.

대출금리	· 거치식 및 적립식 예금 : 수신금리 + 1.25% · 장부가 신탁상품 : 전월평균배당률 + 1.25% · 기준가 신탁상품 : 고정금리 (매월 변경고시) · 대출이자 납부 방법 　대출거래약정시 이자지급방법에 따라 입금계좌에서 자동이체 처리
대출기간	· 건별 대출 : 담보 예금의 만기일까지 · 한도 대출 : 담보 예금의 만기일내 12개월까지 ※ 청약저축담보대출은 대출 신청일로부터 1년

▲ 신한은행 예·적금 담보대출

앞에서 본 상품의 대출금리입니다. '수신금리 + 1.25%'라고 되어 있네요. 수신금리는 우리가 가입한 예금 혹은 적금의 금리를 의미합니다. 즉 희애 씨가 가입한 적금이 연 3%였다면 수신금리 3%에 1.25%가 더해지는 것이므로 예·적금 담보대출의 금리는 4.25%가 됩니다. 일반적으로 예·적금 만기를 3개월 미만으로 앞두고 있다면 해지보다는 예·적금 담보대출을 선택하는 쪽이 더 유리합니다.

우리가 보통 예금이나 적금에 가입할 때 어느 은행이 금리를 많이 주는가를 살펴보죠? 대출도 마찬가지입니다. 어느 은행이 더 대출금리를 낮게 책정하는지를 꼼꼼히 살펴보시면 됩니다. 다만 예·적금 담보대출만큼은 예외입니다. 각자가 예금 혹은 적금을 가입한 은행에서만 대출이 가능하기 때문이죠. 신한은행의 적금에 가입했다면 예·적금 담보대출도 신한은행에서 받으실 수 있습니다.

✅ 경우에 따라, 상황에 맞게

> **예시**
>
> **금리 연 3%의 정기예금에 1천만 원을 저축한 희애 씨,**
> **예금 만기 1개월을 앞두고 급전이 필요해졌습니다.**
> **예금을 해지하는 것이 나을까요,**
> **아니면 예금 담보대출을 받는 것이 나을까요?**
>
> (단, 이때 희애 씨가 예금 담보대출을 받는 경우 대출금리는 '수신금리 + 1.25%', 대출 한도는 '100%'입니다.)

예시의 경우는 두 가지로 나눠서 생각해 봐야 합니다. 정기예금을 해지해서 급전을 만드는 방법, 예금 담보대출로 급전을 만들고 정기예금을 정상 만기 해지하는 방법입니다.

먼저 첫 번째, 정기예금을 해지해 급전을 만드는 경우를 살펴볼까요? 정기예금을 중도해지하면 정기예금에 대한 금리도 중도해지 이율로 적용됩니다. 1천만 원(저축 금액) × 3%(기본이율) × 90%(11개월 이상 유지 시) × 11/12(경과 월 수/계약 월 수) 공식을 적용해서 계산해 보면, 이자는 약

24만 5천 700원을 받을 수 있습니다. 단, 적용되는 중도해지 이율은 은행마다 다르겠죠.

두 번째, 예금 담보대출을 받아서 급전을 만든 후 정기예금은 정상 만기 해지를 하는 상황입니다. 이때는 정기예금을 정상 만기했을 때 이자와 담보대출에 대한 이자, 두 가지를 모두 계산해야 합니다.

먼저 정기예금 만기 이자는 1천만 원 × 3%이므로 30만 원입니다. 담보대출을 한 달 이용했을 때의 이자는 1천만 원 × 4.25% × 1/12이므로 약 3만 5천 400원입니다. 두 값의 차액을 구하면 26만 4천 600원, 즉 대출 이자를 내고서도 남는 금액은 26만 4천 600원이라는 의미죠.

결과적으로 두 번째 방법을 선택해 예금 담보대출을 받는 쪽이 더 유리하다는 것을 알 수 있습니다. 잊지 마세요. 절대적인 것이 아니라, 각자의 상황에 맞게 계산 후 비교해 결정해야 합니다.

금리 완전 정복

▶ 단리와 복리 이해하기

 "이 적금은 최대 연 5% 금리가 적용되는 상품이라서 정말 쏠쏠합니다!"

은행원으로 고객들을 마주할 때도 그랬고, 유튜브를 통해서 금융 정보를 안내하는 지금도 저는 '금리'라는 단어를 굉장히 많이 사용합니다.

은행 업무에서 우리가 가장 중요하게 여기는 개념인 '금리'는 원금에 지급되는 기간당 이자를 비율(%)로 표시한 것입니다. 보통은 이자와 금리가 같은 단어처럼 사용되지만, 엄밀히 말하면 다른 거죠. 금리는 물론 높을수록 좋지만, 금리를 나타내는 숫자뿐만 아니라 계산 방식이 무엇인지도 반드시 이해하고 있어야 합니다.

1. 단리? 복리?

금리의 기본, 단리와 복리부터 알아봅시다. 단리는 '단순하게 원금에 이자가 붙는 방식'입니다. 원금에 이자가 한 번 붙죠. 원금에 약정되어 있는 이자율과 기간을 곱하면 아주 간단하게 단리 상품의 이자를 구할 수 있습니다.

복리의 '복' 자가 '복잡하다'는 의미는 아닙니다. 거듭되는 '중복'을 의미하죠. 이자가 중복해서 붙는 방식입니다. 우리가 유의할 것은 '원금에 이자가 붙고, 그 이자에도 또 이자가 붙는 방식'이라는 점입니다.

단리와 복리는 닭을 떠올리면 아주 쉽게 이해할 수 있습니다. 단리는 원금인 닭과 닭이 낳은 병아리가 지급되는 형태입니다. 반면 복리는 원금인 닭과 닭이 낳은 병아리, 그리고 이 병아리들이 닭이 되어 낳은 달걀까지 함께 지급됩니다. 이 달걀에서 병아리가 또 나오고, 그 병아리가 성장해 낳은 달걀까지 모두 지급하는 것이 복리죠. 그야말로 복리는 이자가 이자를 낳고, 또 그 이자가 이자를 낳는 개념입니다.

예를 들어 살펴볼까요? 희애 씨가 3년 만기 정기예금에 가입하여 100만 원을 예치했습니다. 금리는 연 10%입니다. 이자는 얼마일까요?

단리

100만 원 × 10% × 3년 = 30만 원

복리

1년: 100만 원 × 10% = 10만 원

2년: 110만 원 × 10% = 11만 원

3년: 121만 원 × 10% = 12만 1천 원

= 총 33만 1천 원

희애 씨가 단리 방식 정기예금에 가입했을 때는, 이자를 계산하는 방식이 단순하게 100만 원의 10%에 3년이란 기간을 곱한 것이었습니다. 원금에 대한 이자만 지급하는 거죠.

반면 희애 씨가 복리 방식 정기예금에 가입할 때는 매년 발생하는 이자까지 더해집니다. 1년 차에는 원금 100만 원에 대한 이자 10% 발생, 2년 차에는 원금＋1년 차 이자에 대한 10%, 3년 차는 2년 차까지의 원금＋이자에 대한 10%, 그 이자에 대한 이자까지 발생하기 때문에 금액이 3만 1천 원 정도 차이가 나죠.

전략적 단리, 장기적 복리

우리는 원금 금액이 크고 납입하는 기간이 길면 단리와 복리의 원리금 차이가 점점 더 커진다는 것을 확인했습니다. 1, 2년 정도는 큰 차이가 없지만 예치하는 기간이 길어질수록 복리 방식에서 이자는 눈덩이처럼 빠르게 몸집을 키워나가죠. 단, 단기간 예치 상품에서는 단리와 복리에 큰 차이가 없습니다. 상품에 따라 복리가 단리에 비해 금리가 낮은 경우도 있죠.

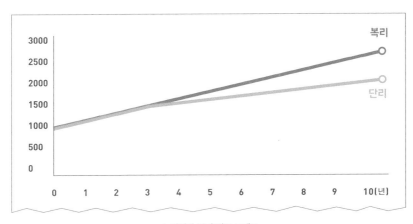

▲ 단리와 복리 비교 그래프

일반적으로 복리는 5년 이상 예치해야 그 진가를 발휘합니다. 따라서 복리 방식으로 상품에 가입할 때는 긴 기간 동안 현금을 묶어둬야 한다는 점을 염두에 두고 가입해야 합니다. 더 많은 이자를 얻을 수 있다는 것에만 집중해 무조건 복리 상품에 가입하면, 중도해지로 인해 오히려 단리보다 더 낮은 금액의 이자를 얻을 수 있으니까요.

신용점수

▶ 신용점수 개념 이해하기
▶ 신용점수 올리는 법

"안녕하세요, 손희애입니다. 만나서 반갑습니다." 우리는 처음 만난 사람과 이야기의 물꼬를 트기 위해서 통성명부터 합니다. 업무 관계로 만났다면 명함도 주고받죠. 보통 명함에는 이름, 소속, 연락처, 주소, 이메일 등의 개인정보가 적혀 있습니다.

마찬가지로 고객과 은행이 처음 만날 때도 통성명을 합니다. 업무 처리를 위해서 우리는 주민등록증 혹은 사업자등록증을 은행에 건네고 신분을 증명하죠. 하지만 은행은 이것만으로는 충분하지 않다며 자료를 추가로 요구하기도 합니다. 특히 대출 실행, 신용카드 발급 등에 관해서는 개인의 신용 정보가 필수적이기 때문에 '신용점수'를 가져와 평가하기도 하죠. 우리를 증명해 줄 신용점수, 잘 관리하고 계신가요?

1 신용점수, 왜 높아야 되나요?

　　제 유튜브 채널에 올라오는 전형적인 댓글 중 하나가 바로 신용점수에 관한 것입니다. "제가 이번에 신용카드를 한꺼번에 2개 만들었는데, 신용점수가 떨어질까요?", "정기적금에 가입했는데 실수로 한 달 불입이 늦어졌어요. 신용등급에 영향을 미칠까요?" 등의 우려 섞인 내용들이죠. 그렇다면 내 신용점수는 몇 점일까요? 적당한 신용점수는 몇 점일까요? 우리가 신용을 잘 관리해야 하는 이유는 무엇일까요?

☑ 금리 산정

　　신용점수와 대출금리는 반비례 관계입니다. 즉, 신용점수가 높을수록 대출금리는 낮게 책정되죠. 신용점수가 높다는 것은 고객이 평소에 연체 없이 건실한 금융생활을 해왔음을 증명하기에, 은행은 앞으로도 고객이 대출 원금 및 이자 납부에 문제가 없을 것으로 예측하는 것입니다. 단 한 번의 지각 없이 성실하게 근무에 임하던 직원이 5분 늦을 땐 '무슨 일이 있었겠지' 하며 상사가 조금은 너그럽게 넘어가 주는 것과 비슷한 이치죠.

☑ 신용카드 발급

신용점수가 낮아 신용카드 발급 자체가 불가한 경우도 있습니다. 금융감독원의 공식 자료에는, 신용평가사 나이스 기준 신용점수 570점, 올크레딧 기준 541점 이상에 해당해야 신용카드를 발급받을 수 있다고 기재돼 있습니다. 실제로 은행에 근무했을 당시, 몇몇 고객들이 신용점수 때문에 신용카드 발급 심사에서 거부당한 경우가 있었는데요. 본인도 모르는 사이에 저지른 사소한 행동들 때문에 신용도가 떨어진 분들이었습니다.

2 등급이랑 점수는 다른 거야?

혹시 지금까지 신용점수에 관한 내용을 읽으며 이상하다고 느끼진 않았나요? 눈치 빠른 분들은 아시겠지만, 우리가 평소에 듣던 신용 관련 체계는 '신용등급'이었습니다. 앞에서는 계속 '신용점수'라는 단어를 사용했죠? 오류는 아니고요. '신용등급'이란 용어는 2019년도 시범 기간을 거친 뒤 2020년도부터 '신용점수'로 바뀌었습니다.

신용등급	올크레딧(KCB)	NICE신용평가
1등급	942~1000	900~1000
2등급	891~941	870~899
3등급	832~890	840~869
4등급	768~831	805~839
5등급	698~767	750~804
6등급	630~697	665~749
7등급	530~629	600~664
8등급	454~529	545~599
9등급	335~453	445~514
10등급	0~334	0~444

기존의 신용등급제는 개인의 신용을 수치화해서 0점부터 1천점까지 숫자 구간을 나눈 뒤 등급으로 매긴 방식이었습니다. 이에 따라 같은 2등급이라면 세부 점수가 달라도 동일한 대우를 받았지만, 신용점수제에서는 같은 2등급에 속하더라도 870점과 899점은 다른 대우를 받습니다. 즉, 점수제로 세분화해서 개인의 신용을 평가하기 때문에 더욱 세밀하고 정교한 금융 업무 처리가 가능해진 거죠.

특히 기존에는 '등급 간 절벽효과' 때문에 단 1점 차이로 6등급과 7등급이 나뉘게 돼서, 신용카드 발급을 비롯한 다양한 금융 업무에서 불이익이 발생하는 경우도 있었는데요. 신용점수제에서는 이러한 안타까운 사례가 점차 줄어들 것 같습니다.

3 신용점수 올리기

'괜찮은 사람'으로 인정받으며 서로 간의 믿음을 쌓는 일은 참 어려운데, 신뢰가 무너지고 감정이 상하는 건 한순간이죠. 신용점수 역시 마찬가지입니다. 눈 깜짝할 사이에 하락할 수도 있기 때문이죠. 일상 속에서 신용점수를 올리기 위한 노력을 꾸준히 실천해야 합니다.

☑ 수시로 조회하기

신용점수를 수시로 확인하는 습관을 가지라고 말씀드리면 반드시 나오는 반응이 있습니다. "신용점수를 자꾸 확인하면 점수가 떨어지지 않나요?" 네, 떨어지지 않습니다. 과거에는 실제로 신용등급을 조회한 기록이 신용등급에 영향을 끼쳤습니다. 그러나 2011년부터는 이 부분이 개선되어 신용평가에 반영되지 않습니다.

최근에는 뱅크샐러드, 토스, 카카오뱅크 등 다양한 앱을 통해 각자의 신용점수를 손쉽게 조회할 수 있습니다. 본인의 신용 상태를 수시로 확인해야 문제점을 직시하고 개선해 나갈 수 있습니다. 지난달에 비해서 신용점수가 하락했다면, 나도 모르는 연체가 있는 건 아닌지 빠르게 확인하고 대처할 수 있겠죠.

✅ 상향 신청하기

신용점수를 확인해서 본인의 상태를 확인했다면, 다음은 신용점수 향상을 위해서 실제로 움직일 차례입니다. 뱅크샐러드, 토스 같은 앱에서는 신용점수 확인뿐만 아니라 신용점수를 향상시킬 수 있는 서비스도 제공하고 있습니다. 이들은 세금 납부, 카드 대금 결제 내역 등 신용점수에 반영될 수 있는 자료를 대신 제출해 주는 역할을 합니다.

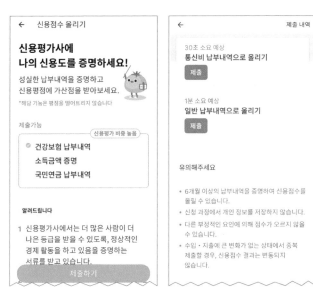

▲ 핀테크 앱 캡처

특히 대출 신청, 카드 신청 등 개인의 신용점수가 반영되어 금융 업무를 처리할 일이 있다면, 사전에 이러한 서비스를 활용하여 신용점수를 최대한 올리는 것이 좋습니다.

✅ 연체하지 않기

사실 신용점수 향상에서 그 어떤 것보다 중요한 것은 '연체'와 멀어지는 겁니다. 카드 대금 연체, 대출 이자 연체 등 연체 이력이 쌓이게 되면 신용점수는 걷잡을 수 없이 하락하게 되죠. 소홀히 할 수 있는 세금 연체, 통신비 연체 등 모든 연체는 신용점수에 악영향을 끼치므로, 대금 결제일 일정을 꼼꼼하게 챙기는 것이 중요합니다.

제1금융권, 제2금융권, 제3금융권

▶ 금융권 숫자 파악하기

'제1금융권의 다각도 변신'

'제2금융권 수익성 빨간불'

'제3금융권 이용 시 신용점수 하락 주의'

경제 신문에서 어렵지 않게 찾을 수 있는 문구들입니다. 언론에서는 '은행권, 증권가' 같은 용어보다는 제1, 2, 3금융권과 같은 말들을 더 많이 사용하죠. 얼핏 보면 제2, 3금융권보다는 제1금융권이 좀 더 나을 것 같지만, 지레짐작으로 생각하는 것은 좋지 않습니다. 어떤 금융사가 어떤 숫자에 속하는지, 그 이유는 무엇인지 정확히 알고 내 상황에 맞는 금융사를 선택해 이용하는 것이 가장 좋습니다.

1 금융권 숫자의 의미

사실 제1, 2, 3금융권이라는 말은 정식 금융 용어가 아닙니다. 언론사들이 편의상 분류하여 부르던 것이 어느 순간부터 정착하여 금융 용어로 사용되고 있는 겁니다.

✓ 제1금융권은 은행이라 읽는다

KB국민은행 하나은행 신한은행 IBK기업은행

제1금융권은 우리나라의 금융기관 중 '예금은행'을 칭하는 용어입니다. 여기서 예금은행이란 예금 및 적금 등의 경제 행위를 통해 만들어지는 '파생통화'를 창출하는 곳을 말합니다. 우리가 주로 이용하는 시중은행, 지방은행, 외국은행, 특수은행이 모두 제1금융권에 해당됩니다.

✅ 제2금융권은 비은행 금융기관이라 읽는다

제2금융권은 앞의 은행을 제외한 금융기관을 통칭합니다. 보험, 증권, 자산운용회사, 카드사 등이 해당됩니다. 제2금융권에 해당되는 기관들은 은행법을 적용받지 않고, 일반 상업 은행과 유사한 기능을 담당하기 때문에 '비은행 금융기관'이라고도 부릅니다.

제 유튜브 채널에 "이번에 ○○자산운용에서 연 5% 금리 상품이 출시됐는데, 부모님이 은행 상품이 아니니 가입하지 말라고 하십니다. 은행 적금과는 다른 상품인가요?"라는 댓글이 올라온 적이 있습니다. ○○자산운용은 제2금융권에 속하기 때문에 은행 상품이 아닌 것이 맞죠.

KB국민은행, KB증권과 같이 한 금융 그룹에 속한다는 이유로 모든 금융사를 은행이라고 인식해서는 안 됩니다. 다만 은행 상품이 아니라고 해서 무조건 가입하지 않는 것보다는, 원금 손실 가능성과 수익률 등 본인의 상황과 기준에 맞게 선택하는 편이 좋습니다.

✅ 제3금융권은 사금융이라 읽는다

제3금융권은 제1, 2금융권에 모두 포함되지 않는 사금융기관들을 포함합니다. 제도권 금융기관에서 자금 운용이 힘들 경우 제3금융권을 이용해서 대출을 받을 수 있습니다.

대부업체, 사채업 등이 이에 해당하며, 대출 이자율은 제1, 2 금융권에 비해 높은 편입니다. 따라서 제3금융권에서 대출을 받는다면 대출 상환이 힘들 수 있으므로, 신용에 무리가 될 수 있음을 유의해야 합니다.

☑ 농협은 제1금융권? 제2금융권?

제1금융권과 제2금융권을 나눌 때 가장 헷갈리는 금융회사가 농협입니다. 누군가는 농협이 제1금융권이라고 하고, 누군가는 제2금융권이라고 하는데, 대체 누구의 말이 맞을까요? 사실 양쪽 다 맞습니다. NH농협은행은 제1금융권이고, 단위 농협은 제2금융권이죠. 제1금융권과 제2금융권을 가장 쉽게 구별하는 방법은 '은행'이라는 단어를 확인하는 것입니다.

제1금융권을 선호하는 이유?

　　제1금융권과 제2금융권이 갖는 가장 큰 차이점은 예금 및 대출금리, 파산 가능성입니다. 일반적으로 예금자보호법이 잘 적용되는 제1금융권보다 그렇지 않은 제2금융권의 예금 금리가 더 높은 편입니다. 반면 대출은 제1금융권보다 제2금융권의 금리가 더 높은 편이죠.

　　이는 각 금융권의 안정성, 즉 파산 가능성과 관련이 있습니다. 제1금융권은 파산할 가능성이 매우 작지만, 제2금융권은 제1금융권과 비교했을 때 감수해야 하는 위험이 있습니다. 따라서 예금자보호 대상에 속하는 상품인지를 명확하게 확인하고, 보호 금액 내에서 각 금융사를 이용하는 것이 현명한 방법입니다.

☑ 카카오뱅크, 케이뱅크는 몇 금융권?

혜성처럼 등장해서 수많은 사람에게 편리함을 강점으로 스며든 인터넷 전문은행도 있죠. 카카오뱅크와 케이뱅크가 대표적입니다. 이처럼 인터넷 전문은행들은 제1금융권으로 시중은행, 지방은행 등과 같은 금융권에 속합니다.

다만 카카오페이, 네이버페이 등 핀테크 업체들은 정식 은행은 아니기에 은행이 내놓은 상품과 차이점이 있다는 것을 염두에 두고 재테크에 활용해야 합니다. 흔히 제1금융권인 카카오뱅크와 핀테크 업체인 카카오페이를 동일하게 '제1금융권 은행'이라고 착각하는데요. 단순히 편리함만 고려하지 말고, 안전성을 위해 보수적인 관점도 놓치지 말길 바랍니다.

예금자보호법

▶ 예금자보호법 이해하기
▶ 적용 상품 확인하기

은행이 망하는 상상을 해본 적 있으신가요? 우리나라는 1997년 IMF 사태를 겪으면서 은행도 망할 수 있다는 것을 직접 목격했습니다. 제2, 3금융권보다 제1금융권인 은행이 조금 더 안정적인 것은 맞지만, 은행이라고 하더라도 '100% 안전하다'고 말하기는 힘듭니다.

은행은 공공기관이 아니라 기업이기 때문에 부도가 날 수도, 문을 닫을 수도 있습니다. 만약 이런 일이 실제로 일어나게 된다면 돈을 맡긴 고객은 눈앞이 캄캄할 겁니다. 이때 사막의 오아시스처럼 희망이 되어주는 것이 바로 예금자보호법입니다.

예금자보호법은 이름 그대로 예금자를 보호하는 법입니다. 금융제도의 안정성 유지를 목적으로 하죠. 1995년에 자리 잡은 법으로, 금융기관이 파산 등의 사유로 예금 등을 고객에게 지급할 수 없는 상황에 대처하기 위해 만들어졌습니다.

예금자보호법의 대상으로 지정된 금융회사의 금융상품은 원금과 이자를 합하여 한 금융회사에서 '1인당 최고 5천만 원'까지 보호받을 수 있습니다. 은행에서 발급받은 입·출금 통장이나 적금 통장 구석을 살펴보면 '이 통장은 예금자보호법에 의하여 5천만 원까지 보호됩니다'라고 기재돼 있는 걸 볼 수 있습니다. 실제로 은행이 파산 등 최악의 상황을 맞게 되면, 안타깝게도 5천만 원을 초과하는 금액에 대해서는 돌려받을 수 없죠.

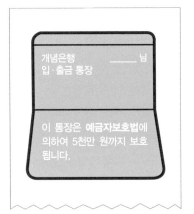

✅ 예금자보호법이 적용되는 상품?

그러나 예금자보호법이 만능 치트키 같은 존재는 아닙니다. 모든 금융회사, 모든 상품을 보호해 주는 것은 아니니까요. 우선 예금자보호법에 해당하는 금융회사는 은행, 보험회사, 종합금융회사, 증권사 등이 있는데요. 각 금융회사에서 예금자보호법 대상이 되는 상품은 아래 표와 같습니다. 쉽게 생각해서 '투자' 성격을 가진 상품은 보호받기 힘들다고 보시면 됩니다.

은행	예금, 적금, 개인형 퇴직연금, DC형 연금 등
증권사	예탁금, 원금 보전형 신탁 등
종합금융회사	CMA, 표지어음, 발행어음 등
상호금융권	예금, 적금, 상호저축은행중앙회 발행 자기앞수표 등

여러 은행을 이용할 때

예금자보호법은 대상이 되는 '각 금융회사당' 최대 5천만 원까지 보호받을 수 있는 법률로, 여러 은행을 이용하고 있다면 보장받는 금액이 각각 따로 계산됩니다. 각 금융회사당 5천만 원까지 보호해 준다는 점을 기억하고, 아래의 예시를 보겠습니다.

Q1 A은행에 5천만 원, B은행에 8천만 원을 예치한 희애 씨가 예금자보호법으로 보호받을 수 있는 금액은 총 얼마입니까?

A1 1억 원

Q2 C은행 서울대입구역 지점에 3천만 원, 같은 은행 강남역 지점에 4천만 원의 만기 예금을 각각 보유한 희애 씨가 예금자보호법으로 보호받을 수 있는 금액은?

A2 5천만 원

각 금융사당 5천만 원까지 보호되므로, 첫 질문에는 A은행에서 5천만 원, B은행에서 5천만 원을 보장받아 총 1억 원을 보호받을 수 있습니다.

반면 두 번째 질문은 같은 은행 내에서 지점만 다른 상황이죠. 이 경우는 동일한 금융기관 내에서 만기 예금의 소속 지점만 다른 상황이기 때문에 최대 5천만 원까지만 보호됩니다.

 Q3 D은행에 만기 예금 4천 900만 원과 이자 200만 원을 보유한 희애 씨가 예금자보호법으로 보호받을 수 있는 금액은?

A3 5천만 원

예금자보호법은 원금뿐만 아니라 이자까지 합산하여 보호된다고 말씀드렸습니다. 따라서 세 번째 질문에서 원금은 4천 9백만 원으로 5천만 원에 미치지 못했지만 이자를 합산하면 5천만 원을 초과하기 때문에, 최대 금액인 5천만 원까지 보호받을 수 있습니다.

그렇다면 가장 현명한 금융생활은 무엇일까요? 예금자보호법은 각 금융사별로 최대 5천만 원까지 보장되기 때문에, 만약을 대비하려면 '목돈 예치는 금융사별로 분산하는 것'이 현명합니다. 주거래 은행에 한 번에 예치해 고객 우대 혜택을 받는 것도 좋지만, 경제가 악화되고 있다고 판단된다면 재빠르게 예금을 분산하는 것이 보다 안전한 내일을 위한 대처법이 되겠죠.

3 우체국은 예금자보호가 안 된다고?

　　예금자보호법 대상이 아닌 금융기관엔 어떤 것이 있을까요? 대표적인 예가 바로 우체국입니다. 예금자보호법이 적용되지 않는다니, 우체국예금 상품은 너무 위험한 거 아닌가 싶으시겠죠? 절대 그렇지 않습니다. 오히려 더 안전한 곳이 우체국이라고 말할 수 있겠네요.

　　우체국에는 예금자보호법이 적용되지 않지만, 우체국예금보험법에 의해 전적으로 국가의 보호를 받습니다. 즉, 우체국에 예치한 돈을 국가가 안전하게 보호해 준다는 말입니다.

　　과거에 비해 우체국에서 예금 업무를 처리하는 2030 고객이 많이 줄어든 편이지만, 우체국예금 상품 중에도 꽤 쏠쏠한 상품이 많습니다. 특히 경제 상황이 좋지 않은 흐름이 지속된다면, 우체국예금을 활용해서 든든한 나만의 금고를 마련하는 것도 좋은 방법이 되겠죠.

> 우체국예금·보험에 관한 법률 제4조(국가의 지급 책임) : 국가는 우체국예금 (이자를 포함한다)과 우체국보험계약에 따른 보험금 등의 지급을 책임진다.

계좌이동제

▶ 계좌이동제 이해 및 활용

은행이 주거래 고객 여부를 결정할 때 고려하는 요소들은 급여 이체, 신용카드 사용, 예금 평잔 금액 등으로 그동안 생각했던 것과 조금 다르다는 것을 앞서 확인했습니다. 지금까지의 설명에서 하나 더 자세히 살펴봐야 할 것이 있습니다. 바로 자동이체입니다. 자동이체 내역 역시 은행이 고객에게 점수를 부여하는 리스트에서 빼놓을 수 없는 요소죠.

심지어는 대출을 받을 때 자동이체 내역이 몇 건인가에 따라서 대출금리 인하 비율이 달라지기도 합니다. 자동이체 내역이 주거래 은행을 옮기려고 하거나 대출을 받는 상황에서 매우 중요한 열쇠가 된다는 점, 유의하세요.

계좌이동제는 방법만 잘 알고 있으면 아주 유용하게 활용할 수 있습니다. 계좌이동제는 은행 간 자동이체 내역을 손쉽게 옮길 수 있는 서비스로, 기존에는 제1금융권 은행들은 제1금융권끼리, 제2금융권 저축은행들은 제2금융권끼리만 이동이 가능했습니다. 그러나 2020년 5월부터는 제1금융권과 제2금융권의 벽이 허물어졌죠.

좀 더 와닿는 예로 설명해 보겠습니다. 통신비 자동이체는 A은행, 아파트 관리 자동이체는 B은행, 보험료 자동이체는 C은행에 뿔뿔이 흩어져 설정돼 있었다면, 이를 손쉽게 한 은행으로 합칠 수 있는 서비스가 계좌이동제입니다. A은행 지점 혹은 홈페이지에서 여러 은행에 흩어져 있는 내역들을 A은행으로 한꺼번에 이동시킬 수 있습니다.

자동이체가 설정돼 있으면 통장에서 빠져나가는 돈을 일일이 체크하지 않게 되고, 지출 파악에 점차 소홀해집니다. 심지어 각 은행마다 자동이체가 흩어져 있는 경우에는 통장 잔고를 제대로 관리하기가 힘들어서 자동이체가 미납되는 상황까지 벌어질 수 있습니다. 계좌이동제로 자동이체 내역을 간단하게 옮겨서, 지출 내역을 한 번에 정확하게 파악하는 것을 추천합니다.

특히 세금이나 카드 결제 대금처럼 연체 가산금이 발생하는 건에 대해서는 자동이체 관리를 철저하게 해야 합니다. 연체금이 하루하루 쌓여서 무시할 수 없는 금액이 되는 경우도 적지 않습니다. 무엇보다도 '연체'가 신용점수 하락의 주범이라는 것은 '신용점수 편'에서도 언급했습니다. 반복하고 또 복습해도 모자랄 만큼 중요하죠!

계좌이동제 신청 방법

계좌이동은 금융회사 홈페이지 혹은 은행 지점에서 대부분 신청 가능합니다. A은행에서 B은행으로 자동이체 내역을 옮길 예정이라면, B은행 홈페이지에서 계좌이동을 신청하면 됩니다. 또는 자동이체를 모으려는 은행 지점에 방문해 계좌이동을 요청해도 됩니다.

은행 홈페이지를 이용하면 따로 지점에 방문할 필요 없이, 본인 인증만으로 5분 이내에 모든 신청 절차를 처리할 수 있어 간편합니다. 단 몇 번의 클릭으로 연체금으로 주머니에 구멍 나는 것도 방지하고, 은행에서 주거래 고객 점수도 쌓으면서 무너지기 쉬운 신용점수까지 챙기세요!

▲ 계좌이동제 캡처

3DAYS PROJECT

주택청약종합저축

▶ 청약 필수 개념 이해하기
▶ 자격 요건 확인하기

"청약통장은 꼭 만들어야 한다!" 대학생이 된 제게 어머니가 가장 먼저 하신 당부였습니다. 아마 부모님의 권유로 저처럼 무슨 용도인지도 모른 채 청약통장을 개설하신 분들이 상당할 겁니다. 엄마들의 추천 금융상품 1순위인 청약통장, 대체 무엇에 쓰이는 것인지 정확하게 알고 계시나요?

청약통장의 정식 명칭은 '주택청약종합저축'(이하 청약통장)입니다. 예전엔 청약저축, 청약부금, 청약예금 등으로 나뉘어 있었지만, 2015년부터 주택청약종합저축으로 합쳐졌죠.

1 주택청약종합저축이란?

　　　　　　은행에서 제공하는 청약통장에 관한 상품 설명서를 보면, 아래와 같이 어려운 말로 쓰여 있습니다.

> 매월 약정일에 일정 회차 납입을 하면 국민주택 청약이 가능한 청약 저축의 성격과 지역별, 주택 규모별 예치금 이상의 금액이 납입되면 민영주택 청약이 가능한 청약예금, 부금의 성격을 더한 종합 통장 성격의 입주자 저축.

　　쉽게 말해 청약통장은 '청약'을 할 수 있는 권리를 부여하는 통장입니다. 무엇에 대한 청약일까요? 바로 '주택'이죠. 우리나라에서 집을 살 수 있는 방법은 크게 두 가지입니다. 새 집을 분양받거나, 부동산 시장에 나와 있는 물건을 매매하거나죠. 청약통장은 전자인 새 집을 분양받을 수 있는 기회를 얻기 위해서 번호표를 뽑을 수 있는 권한, 즉 청약을 할 수 있는 자격을 부여합니다.

　　은행에 가면 누구나 업무를 볼 수 있고 이를 위해 누구든지 번호표를 뽑을 수 있죠? 하지만 주택청약은 청약통장을 갖고 있는 사람에게만 기회를 준다고 보시면 됩니다.

'내 집 마련'을 평생 숙제처럼 안고 살아가는 사람들에게 청약통장은 그야말로 희망통장이죠. 2030 청년들은 지금 당장 내 명의로 집을 마련하고자 하는 의지가 다른 세대에 비해 다소 약할 수 있지만, 내일의 나를 위해서 청약통장은 미리미리 가입해 자금을 쌓아놓는 것이 좋습니다. 청약통장은 오래 갖고 있을수록, 금액을 많이 보유할수록 힘이 세지니까요.

2 청약통장의 속내

✓ 가입 자격

청약통장은 대한민국 국민이라면 누구나 제한 없이 만들 수 있습니다. 단, 한 사람이 하나의 계좌만 소유할 수 있죠. 다른 금융상품은 각 은행마다 이름도 다르고 여러 개를 가입할 수 있지만, 청약통장은 전 금융기관을 통틀어 딱 1개만 가입 가능합니다. 농협은행에서 청약통장을 가입한 희애 씨가 우리은행에 가서 청약통장을 하나 더 만들어 달라고 요청해도 만들 수 없다는 이야기입니다.

✓ 세부 내용

청약통장은 만기가 없는 상품이기 때문에 입주자로 당첨되는 날까지 쭉 저축을 하면 됩니다. 금액은 최소 2만 원에서 50만 원 이내까지 자유롭게 납입할 수 있고, 납입 잔액이 1천 500만 원에 도달하기 전까지는 50만 원을 초과해도 무관합니다.

구분	기간	금리(연)	비고
약정이율	1개월 이내	0.00	변동금리로서 정부의 고시에 의하여 변동될 수 있음
	1개월 초과 1년 미만	1.00	
	1년 이상 2년 미만	1.50	
	2년 이상	1.80	

청약통장은 저축 상품으로 활용해도 손색이 없을 만큼 금리도 적지 않은 편입니다. 가입한 기간에 따라 이율이 다르게 책정되는데, 2020년 기준으로 2년 이상일 때는 연 1.8% 금리가 적용됩니다. 이뿐만 아니라 소득공제까지 가능하기 때문에 여러모로 활용도가 높은 상품입니다.

청약통장 관련 필수 용어

청약통장을 늘 따라다니는 단어들이 있습니다. 이를 제대로 알아야 놓치는 부분 없이 원활하게 청약통장을 활용할 수 있죠. 간단하게 짚고 넘어가도록 할게요.

✓ 국민주택

국민주택은 LH 아파트를 떠올리면 이해하기 가장 쉽습니다. 국가나 지자체, LH를 비롯한 공사가 건설하는 주거 전용 면적 85제곱미터 이하 주택을 말합니다. 국가가 주택난을 해결하고자 국민들에게 직접 공급하

국민주택 청약 1순위 자격		
지역	자격 요건	
	가입 기간	납입 횟수
투기과열지구 및 조정대상지역	2년	24회
그 외 지역 수도권	1년	12회
수도권 외	6개월	6회

는 주택이죠. 분양가는 시세보다 저렴하게 공급되고, 특히 최근에는 국민주택의 입지 조건이 개선돼 경쟁률이 더 치열해졌습니다.

✅ 민영주택

국민주택 외의 주택들입니다. 흔히 알고 있는 푸르지오, e-편한세상 등 민영 건설사가 기업의 자본으로 건축하는 아파트가 이에 해당됩니다.

민영주택 청약 1순위 자격		
지역	자격 요건	
	가입 기간	예치 금액
투기과열지구 및 조정대상지역	2년	지역별 상이
그 외 지역 · 수도권	1년	
그 외 지역 · 수도권 외	6개월	

✅ 투기과열지구

특정 지역이 투기과열지구로 지정되는 데에는 몇 가지 조건이 붙습니다. 집값 상승률이 물가상승률보다 높고, 최근 2개월간 신규아파트 청약 경쟁률이 5:1 이상이며, 전용 면적 85제곱미터 이하 주택의 청약경쟁률이 10:1를 초과할 경우인데요. 투기과열지구는 대출 규제가 타 지역에 비해 훨씬 까다롭습니다.

☑ 특별공급

주택공급은 일반공급과 특별공급으로 나뉩니다. 특별공급엔 국가의 지원이 필요한 신혼부부, 노부모 부양 가정, 장애인, 다자녀가구 등이 해당됩니다. 전체 공급량의 10% 이하를 특별공급으로 배정하는 것이 일반적이죠.

4 1순위 조건

청약통장은 번호표를 뽑을 수 있는 기회를 부여하는 것일 뿐, 가지고 있다고 해서 무조건 당첨되는 것은 아닙니다. 그래서 당첨에 더 유리하도록 청약통장을 최상의 조건으로 만들어 놓는 것이 중요한데요. 주택 유형별로 1순위가 되기 위한 조건은 각각 다릅니다.

국민주택은 '납입 횟수'가 중요합니다. 투기과열지구 및 청약과열지역 기준으로 '24개월 경과, 24회차 납입'을 하면 1순위가 될 수 있습니다. 반면 민영주택은 '예치금 금액'이 중요합니다. 투기과열지구 및 청약과열지역 기준으로 '24개월 경과, 예치금 충족'을 하면 1순위가 될 수 있습니다. 여기서 '예치금'은 지역별, 규모별로 금액이 상이합니다.

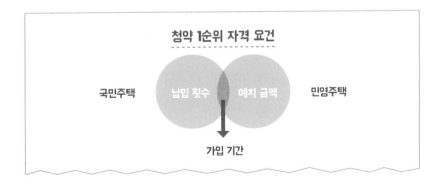

각 지역별로, 규모별로 1순위가 될 수 있는 예치금액이 모두 다르므로, 선택적 접근이 필요합니다. 지금 당장 청약을 위해 저축하는 것이 아니더라도, 조금씩 자금을 쌓아가며 훗날 내 집 마련을 위해 대비하는 것이 좋겠죠. 무턱대고 저축을 하는 것보다는 목표 금액을 확인하고 자금을 쌓아야 이득입니다.

민영주택 예치금 기준

구분	서울/부산	기타 광역시	기타 시/군
85제곱미터 이하	300만 원	250만 원	200만 원
102제곱미터 이하	600만 원	400만 원	300만 원
135제곱미터 이하	1천만 원	700만 원	400만 원
모든 면적	1천 500만 원	1천만 원	500만 원

가령 서울, 부산 기준으로 85제곱미터는 300만 원, 102제곱미터는 600만 원, 135제곱미터는 1천만 원, 모든 면적은 1천 500만 원을 충족하면 1순위가 될 수 있습니다. 어느 지역, 어떤 평형을 기준으로 저축을 해야 할지 모르겠다면 '1천 500만 원'만 기억하세요. 일단 1천 500만 원을 저축하면 모든 지역과 규모의 1순위를 충족하기 때문이죠.

5 청년 우대형 청약통장

청약통장이 정확히 무엇인지 알고 나니, 저축 의지가 마구 솟아나지 않나요? 그 의지에 기름을 부어줄 우대사항이 한 가지 더 있습니다. 2030 청년들만 누릴 수 있는 특권인 '청년 우대형 주택청약종합저축'입니다. 일반 청약의 혜택은 물론, 청년들에게만 '금리 혜택'을 추가로 제공하는 상품입니다.

청년 우대형 청약통장 가입 조건

✔ 만 19세 이상 만 34세 이하 청년
✔ 직전년도 연소득 3천 6백만 원 이하
✔ 무주택 세대주

✓ 가입 자격

우리나라에 거주하는 만 19세 이상 만 34세 이하, 직전년도의 연소득 금액이 3천 6백만 원 이하이며 무주택 세대주에 해당하면 청년 우대형 청약통장에 가입할 수 있습니다. 무주택 세대주 조건은 무주택자이면서 세대주 예정자이거나, 무주택 세대의 세대원인 경우도 대체 가능합니다.

특히 청년 우대형 청약통장은 2021년 12월 31일까지만 한시적으로 가입 가능하기 때문에 서둘러야 합니다. 기존 일반 청약에 가입한 경우에도 '전환 신규'가 가능하므로, 가까운 은행 지점에 방문해 신청합시다. 기존 청약통장에 납입된 금액과 횟수까지 모두 인정받을 수 있습니다.

✅ 청년 우대형 청약통장만의 혜택

가입 기간	1개월 이내	1개월 초과 1년 미만	1년 이상 2년 미만	2년 이상 10년 이내
기본금리	0.00	연 1.0%	연 1.5%	연 1.8%
우대금리 적용 시	0.00	연 2.5%	연 3.0%	연 3.3%

청년 우대형 청약통장은 가입 기간 1개월 이내인 자를 제외하고 연 1.5%씩 우대 이율이 적용됩니다. 2년 이상 10년 이내로 가입한 경우에는 최대 연 3.3% 금리를 챙길 수 있으니 꽤 쏠쏠하죠. 청년만 받을 수 있는 우대금리도 챙기고, 소득공제도 동일하게 적용받으므로 다른 금융상품보다 훨씬 매력적입니다.

비과세 혜택도 받을 수 있습니다. 청년 우대형 청약통장을 2년 이상 유지하면 가능한데요. 연간 납입액 600만 원 한도로 비과세 혜택이 적용되고, 이자소득 합계액은 최대 500만 원까지만 적용됩니다.

2DAYS PROJECT

통장 쪼개기

▶ 급여 통장 나누기
▶ 용도별 통장 만들기

계란을 한 바구니에 담지 말라는 말, 들어보셨나요? 이는 위험이 찾아왔을 때 한꺼번에 모든 계란이 깨지게 되는 상황을 경계하라는 뜻이지만, 한 바구니에 일체가 뒤섞여 있으면 그 수량을 정확하게 파악해 계획적으로 소비하기 힘드니 주의하라는 뜻이기도 합니다.

우리의 작고 소중한 월급을 여러 바구니에 나누는 통장 쪼개기는, 슬기로운 재테크 생활의 첫 단추입니다. 통장 쪼개기를 하면 내가 한 달 동안 어디에 얼마를 소비했는지 한눈에 파악할 수 있습니다. 막연하게 다른 사람의 저축 패턴을 따라 하다 보면 내 상황과는 달라 벅찰 수도 있고, 더 높은 저축 금액을 달성할 기회를 놓칠 수도 있습니다. 스스로 자금을 조절하고 관리할 수 있는 내공을 쌓기 위해 통장 쪼개기로 자금 장악력을 키우는 것이 중요합니다.

월급이 들어오는 통장을 살펴봅시다. 급여 통장은 은행이 회사로부터 입사자들의 서류를 받아 단체로 개설하거나 입사자 개인이 직접 개설하는 두 경우로 나뉩니다. 단체 개설 시에는 별 지장이 없지만, 개인이 개설했다면 반드시 따로 급여일을 설정해 급여 통장의 혜택을 받을 수 있도록 해야 합니다.

통장 쪼개기에서 급여 통장은 말 그대로 급여를 받는 용도로만 쓰입니다. 보통 통장 쪼개기를 하지 않는 분들은 급여 통장을 자동이체, 생활비 등 다양한 용도로 사용하죠. 그러나 이런 소비 방식은 정확한 자금 분할을 어렵게 합니다. 과소비의 원인이 되기도 하죠. 통장 쪼개기를 하고 난 후 급여 통장 바구니에는 0원, 즉 계란이 단 하나도 남아 있지 않아야 합니다.

정기적인 수입

급여는 정기 수입과 비정기 수입으로 나눌 수 있습니다. 기업마다 그 명칭과 지급 시기, 방식은 모두 다르지만 보통 급여 외에 상여금, 보너스, 명절 지원금 등 다양한 비정기 수입이 있죠. 먼저 달마다 고정돼 있는 급여, 정기적인 수입에 대한 통장을 나눠 봅시다.

✅ 생활비 통장

생활비 통장은 고정지출이 빠져나가는 통장입니다. 먼저 가계부 작성으로 달마다 금액이 고정돼 있는 월세, 통신비, 보험료, 공과금 등의 내역을 파악해야 합니다. 고정지출은 자동 이체를 걸어두는 경우가 많아 급여 통장에서 바로 빠져나가므로, 별도의 통장을 활용해 내역을 정확하게 파악하는

것이 훨씬 좋습니다.

특히 통신비나 공과금 할인이 가능한 카드에 연동해 놓으면, 고정지출의 몸집도 줄일 수 있습니다. 고정지출 규모가 줄어들지 않으면 아무리 허리를 졸라매도 한계가 있기 때문에, 절약할 방법이 더 이상 없다면 사소한 할인 혜택이라도 잡는 거죠. 고정지출만 산정해도 기본적인 전월 실적 30만 원 정도는 금세 채울 수 있습니다.

✅ 용돈 통장

우리가 일상생활에서 소비하는 유동지출이 빠져나가는 통장입니다. 끼니마다 금액이 달라지는 식대, 커피값, 문화비 등의 지출이 모두 여기에 포함되죠. 통장 쪼개기를 하는 것은 바로 이 유동지출을 줄이기 위한 목적이 가장 큽니다. 자금 분할 없이 카드를 마구 긁다 보면 어느새 급여 통장 잔고는 0원이 돼 있을 겁니다.

처음부터 유동지출 금액을 과도하게 줄이면 비상금 통장을 기웃거리게 될 확률이 큽니다. 따라서 평소에 사용하던 규모를 먼저 파악한 다음, 그 금액에서 달마다 차츰차츰 액수를 줄여가 봅니다. 최종적으로는 '빠듯하다'라는 느낌이 들 정도까지 줄이는 것이 좋습니다. 예산 안에서 절약해 소비하는 습관이 생기면, 어느 순간부터는 용돈 통장에 남은 자금을 비상금 통장으로 이체하고 있는 본인을 발견할 수 있을 겁니다.

☑ 저축 통장

정기적인 수입에서 고정지출과 유동지출의 규모를 정하고 남은 금액은 모두 저축 통장에 예치합니다. 보통 저축을 많이 하기 위해서는 '선 저축 후 소비'라고 얘기하지만, 저축이 익숙하지 않은 상황에서 초반부터 저축 범위를 크게 잡는 것은 일상생활 영위에 부담을 줍니다.

통장 쪼개기를 계획할 때 고정지출과 유동지출의 규모를 파악했다면 저축 통장은 정기적금으로 가입하는 것이 좋습니다. 큰 규모는 아니더라도 달마다 고정적인 금액을 저축하는 습관을 가지면 앞으로는 저축 후 소비가 당연하게 느껴질 만큼 저축을 일상화할 수 있을 겁니다.

저축 통장은 1개 더 개설하는 것을 추천합니다. 우리가 통장 쪼개기를 계획하며 고정지출과 유동지출의 크기를 가늠하여 자금을 분배했지만, 절약하며 생활한 달에는 유동지출에서 자금이 남을 수 있겠죠. 이때 남은 자금을 자유적금에 자유롭게 추가로 저축하는 겁니다. 정기적금을 통해 계획된 저축을 하면서 성취를 얻는다면, 스스로 아끼면 아낄수록 쌓이는 구조인 자유적금을 통해서는 저축의 재미를 찾을 수 있겠죠.

3 비상금 통장

정기 수입을 다방면으로 활용하는 통장 쪼개기를 했다면 비정기적인 수입 관리는 단순합니다. 상여금이나 명절 지원금 등의 수입이 급여 통장에 입금되면, 바로 비상금 통장에 입금해 줍니다.

비상금 통장은 말 그대로 우리가 예상하지 못한 비상금 지출을 대비하는 예비금 통장입니다. 병원비, 경조사비, 생일 등 이벤트 관련 비용 등이 모두 여기에 속합니다.

비상금 통장은 용량이 정해져 있는 컵이라고 생각하고, 본인의 급여 1~3개월분 정도의 금액을 최대로 예치해 둡니다. 무엇보다 비상금 통장은 스스로 기준을 명확하게 정한 다음, 용돈 통장이 바닥난 경우에도 인출하여 사용하지 않는 것이 중요합니다. 자기 합리화를 하면서 몇 차례 인출하는 습관이 생기면 비상금 통장의 경계가 흐려지겠죠.

특히 비상금 통장은 예치하는 기간 동안 이자가 조금이라도 더 발생하는 상품에 예치하는 것이 좋습니다. 대표적으로 MMF와 CMA가 있는데요. 이 부분은 뒷장에서 더 자세하게 다루겠습니다.

2DAYS PROJECT

급여 통장의 힘

▶ 급여 통장 100% 활용하기

　우리가 직장인이 되고 나면 가장 소중하게 여기는 통장이 하나 생깁니다. 우리의 밥줄인 '급여 통장'이죠. 앞서 우리는 '주거래 은행 편'에서 은행이 주거래 고객 여부를 결정할 때 고려하는 여러 목록을 살펴봤죠. 그중에서 강력한 힘을 가진 요소 중 하나가 바로 '급여 이체 내역'이었습니다.

　말 그대로 달마다 꼬박꼬박 급여가 입금되는 통장이기에 애지중지하는 것도 있지만, '급여 통장'이라는 이름 뒤에 따라오는 혜택들도 꽤 쏠쏠하기 때문에 아끼지 않을 수 없습니다. 그렇다면 급여 통장의 힘은 얼마나 셀까요? 재테크에 어떤 영향을 미칠 수 있을까요?

급여가 들어오면 급여 통장?

흔히들 급여가 입금되는 통장이면 급여 통장이라고 생각합니다. 그러나 이는 맞는 말이기도 하고 틀린 말이기도 합니다. 급여 통장이라면 응당 급여가 들어와야 하지만, 은행에서 해당 내역이 고정적인 급여라고 인식하지 않으면 급여 통장으로 인정되지 않기 때문이죠.

급여이체고객 추가우대서비스	**대상** 이 통장으로 아래의 급여이체 인정요건을 충족한 고객에게 추가우대서비스를 제공합니다.
	급여이체 인정요건 • 대량급여이체로 이체되거나 거래메모 또는 내용상 급여, 상여금, 연금, 성과급, 급료, 월급, 봉급, 보너스, 보로금, Salary, Bonus, Pay 등으로 이체된 금액합계가 월 50만원 또는 3개월(합산) 150만원 이상인 경우 • 고객이 지정한 급여일 ±1영업일간 입금 금액이 50만원 이상인 경우

▲ 신한은행 급여 기준 캡처 화면

신한은행에서 인정하는 '급여'의 기준입니다. 신한은행에서는 급여일을 지정하고, 지정한 일자 기준으로 전후 1영업일을 포함한 총 3영업일 안에 건별로 50만 원 이상 '월급', '급여', '수당' 등의 단어가 적요에 기재된다면 '급여'로 인정한다고 했습니다.

즉 신한은행 지점에서 혹은 홈페이지나 앱에서 해당 통장에 '저는 25일이 급여일입니다'라고 날짜를 지정하고 나면, 3영업일인 24일, 25일,

26일 중에서 적요에 '월급', '급여' 등의 단어가 기재된 상태로 건별로 50만 원 이상이 입금됐을 때 급여로 봐주겠다는 거죠.

다른 조건들을 모두 충족했다고 하더라도 급여일 지정 없이 슬그머니 입금되는 것은 인정받을 수 없기 때문에, 반드시 급여 통장으로 사용할 통장에 급여일을 지정해 줘야 합니다.

2 급여 통장 혜택

은행들은 당행의 급여 통장을 보유하고 지속적인 급여 이체 내역이 있는 고객을 높이 평가합니다. 그래서 은행들은 "우리 은행으로 급여 이체 계속 부탁드려요!"라는 의미로 여러 혜택을 주죠. 은행원들이 보통 '가장 손쉽게 은행 VIP 대접을 받을 수 있는 방법'으로 급여 통장을 이야기하는 것도 바로 이 때문입니다. 급여 통장은 은행의 VIP 등급 고객에 상응하는 혜택들을 갖고 있습니다.

☑ 수수료 면제

급여 통장의 가장 기본 혜택이라고 볼 수 있습니다. 사실 이체 및 인출 수수료는 건당 1천 원 미만이므로 큰 금액은 아닙니다. 하지만 티끌 모아 태산이라는 말이 있듯이 이런 적은 금액도 쌓이면 무시할 수 없습니다. 적은 금액일수록 괜히 더 아깝다는 생각이 들기도 하죠.

특히 일부 은행에서는 당행 자동화기기뿐만 아니라 타행 자동화기기, 심지어는 편의점에 있는 자동화기기에서도 수수료 없이 이체 및 인출이 가능하도록 혜택을 주고 있어서 꽤 쏠쏠합니다.

구분	수수료 항목	우대내용
전자금융	인터넷뱅킹, 폰뱅킹(ARS), S뱅크의 다른은행 이체수수료	면제
자동이체	납부자 자동이체 수수료 (타행 자동이체 수수료 포함)	면제
자동화기기	신한은행 CD/ATM을 이용한 신한은행 계좌의 현금인출수수료	면제
	신한은행 CD/ATM을 이용한 신한은행 계좌의 다른은행으로의 이체수수료	월 10회 면제
	다른은행 CD/ATM을 이용한 신한은행 계좌의 현금인출수수료	월 5회 면제

▲ 신한은행 급여 통장 혜택 캡처 화면

✅ 환율 우대

급여 통장은 환율 우대도 가능하게 합니다. 휴가철에는 환율 우대 쿠폰을 어렵지 않게 구할 수 있고 이벤트도 다수 진행되지만, 비성수기에 환전을 받아야 한다면 환율 우대 혜택은 굉장히 반가운 일입니다. 여기에 청약통장 등 기타 상품까지 함께 보유하고 있다면 우대받을 수 있는 가능성이 더 커지겠죠.

종종 일반 입·출금 통장만 1~2개 보유하고 계시는 고객들이 "저 여기 이용하고 있으니까 환율 우대 가능하죠?"라고 물을 때면 참 난감했던 기억이 있는데요. 환율 우대는 모든 고객에게 제공되는 혜택이 아닙니다. 그러나 급여 통장이 있다면 가능합니다. 그만큼 강력한 힘을 가진 거죠.

✅ 대출금리 우대

　금전적인 도움이 필요해 대출을 받는 경우에도 급여 통장은 힘을 발휘합니다. 급여 통장의 유무에 따라서 우대금리가 달라지기 때문입니다. 그래서 대출을 실행할 때는 기존에 해당 은행에 급여 통장을 사용하고 있지 않던 고객들도, 우대 금리를 위해서 옮기곤 합니다. 단 0.1% 금리 우대만 받아도 금액에 따라서 1년에 최대 30만 원 가까이 차이가 날 수 있기 때문에 무시할 수 없는 부분입니다.

모든 은행에 급여 통장 설정하기

　　　　급여 통장의 힘을 알고 나니, 한 은행에서만 이런 혜택을 누리기에는 너무 아깝다는 생각이 듭니다. 특히 가장 기본 혜택인 수수료 면제는 다른 은행에서도 받을 수 있다면 좋겠죠. 이것만큼 좋은 짠테크가 없으니까요.

　사실 재테크 고수들은 이용하는 모든 은행에 급여 통장을 보유하고 있습니다. 즉 모든 은행에서 주거래 고객으로 받을 수 있는 혜택을 누리고 있다는 거죠. 방법은 간단합니다. 각 은행의 급여 인정 기준만 잘 지키면 됩니다. 다른 은행 역시 앞서 살펴본 은행의 급여 인정 기준과 크게 다르지 않습니다. 대부분 금액의 기준은 50만 원, 지정 일자 전후 1영업일씩 포함해 인정됩니다. 단 세부 사항들은 조금씩 다르기 때문에 정확하게 파악하는 것이 중요합니다. 그외에 적요에 기재돼야 하는, 급여를 의미하는 명칭 등이 있죠.

　내가 이용하고 있는 은행들의 급여 통장 인정 기준을 파악했으면 이제 실천할 차례입니다. 저는 각 은행마다 급여일을 상이하게 지정해 자동이체를 걸어두는 방법을 추천합니다. 월급이 들어온 뒤 일정 금액이 바로 인출되면 안 된다는 절대적인 법칙은 없지만, 안정성을 생각해 반나절에

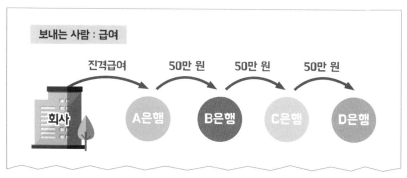

▲ 급여 통장 만드는 과정

서 하루 정도 자금을 보관해 두었다가 다른 은행으로 이체하는 거죠.

예를 들어보겠습니다. 급여일이 21일이고 A은행에 이체가 됐을 때, 22일에 B은행으로 '급여'라는 적요를 포함시켜 50만 원을 자동이체로 신청합니다. 22일에 B은행에 성공적으로 급여가 이체됐다면, B은행 계좌에는 23일에 C은행에 적요란에 '급여'라고 기재해 D은행에 이체될 수 있도록 자동이체를 걸어줍니다. 이렇게 걸어두면 급여일마다 귀찮게 일일이 이체를 할 필요가 없죠.

종종 '본인 계좌로부터 이체한 내역은 급여로 인식되지 않는다'는 은행의 주의사항 문구 때문에 이 방법을 선뜻 실행하지 못하는 경우도 있는데요. 여기에서 '본인 계좌'란 당행의 통장으로 이체한 내역, 즉 A은행 내에서 갖고 있는 1번 계좌에서 2번 계좌로 이체한 내역을 의미하므로 타행에서 이체한 내역은 무관합니다.

세상에는 공짜가 없습니다. 하지만 조금의 귀찮음을 감수하면 모든 은행에 급여 통장을 보유해 다양한 혜택을 누릴 수 있습니다. 급여 통장을 갖고 있지 않더라도 해당 은행의 체크카드나 신용카드를 일정 금액 이상 사용하면 동일한 혜택을 제공하는 경우도 있습니다. 하지만 카드 이용금액은 달마다 조금씩 달라질 수 있으니, 가장 안전한 방법인 급여 통장 설정을 꼭 실천하세요!

비상금 통장
200% 활용하기

▶ 비상금 통장 설정하기
▶ 효과적인 관리 팁

통장 쪼개기로 '비상금 통장'을 만들자고 앞서 제안드렸죠? 비상금 통장에 예치하는 돈은 본인이나 가족의 질병으로 병원에 갈 일이 생기거나, 지인들의 경조사가 있을 때를 대비해 따로 저장해 놓는 돈입니다.

그러나 만약 비상금 통장에 따로 자금을 비축해 두지 않으면 재테크에 최악인 상황이 연달아 발생할 수 있습니다. 급전이 필요할 때 마이너스 통장을 사용하거나 지인들에게 손을 벌리게 되는 것이죠. 이런 상황을 대비해서 비상금으로 1~3개월 정도의 급여를 저장해 두길 추천합니다. 이렇게 미리 만든 비상금 통장은 어떻게 관리하면 좋을까요? 그냥 비축해 두고만 있어도 괜찮은 걸까요?

1

비상금 통장은
마르지 않는 샘물처럼

　　앞서 말했듯 비상금 통장의 잔고는 본인 급여 1~3개월 분 정도로 유지하는 것이 좋습니다. 즉, 한 달에 250만 원씩 월급을 받는 희애 씨의 비상금 통장에는 적게는 250만 원, 많게는 750만 원 정도의 비상금이 늘 비축돼 있어야 합니다. 말 그대로 '비상' 상황을 대비하는 비용이므로, 만에 하나 실직을 하게 되더라도 3개월치 급여 정도의 비상금이 있다면 당장 필요한 생활비 정도는 충당할 수 있습니다. 그 정도는 되어야 안정적이라고 할 수 있죠.

　　비상금은 비정기적 소득이 생길 때 마련해야 가장 부담이 적습니다. 상여금, 명절 보너스, 성과급 등이 이에 해당하죠. 달마다 고정돼 있는 급여를 쪼개서 비상금을 마련하면 다른 지출 목록에 영향을 끼칠 수 있으므로 추천하지 않습니다.

2 비상금용 통장이 따로 있다?!

비상금 통장에 비축되는 자금은 금액이 적지 않죠. 비상 상황이 6개월 이상 발생하지 않는 경우, 이 자금을 이자 수익이 거의 발생하지 않는 일반 입·출금 통장에 예치해 두는 것은 손해입니다. 입·출금 통장은 인출 및 이체 접근성이 좋아서 자금을 사용하고 싶은 유혹을 떨치기 힘들 수 있습니다. 비상금인 만큼 손실 가능성이 있는 투자 상품에 손을 뻗는 것 역시 현명한 방법이 아니겠죠. 비상금 통장으로는 매일 이자가 발생하는 MMF와 CMA 상품이 가장 찰떡입니다.

☑ CMA

CMA는 증권사, 종합금융사에서 사용하는 종합통장이라고 생각하시면 됩니다. 매일 발생하는 이자를 연 이율로 계산해 보면 평균 연 1.0% 이상 수익이 발생하므로 일반 은행 입·출금 통장보다는 쏠쏠합니다. 은행 입·출금 통장처럼 체크카드를 만들 수 있다는 것도 장점이죠. 증권사에서 투자하려면 CMA 통장이 꼭 필요하기에 투자도 염두에 두고 있는 분들은

CMA 통장을 개설하면 투자 관련 정보를 받을 수 있어서 유용합니다.

✅ MMF

사실 제게는 CMA보다는 MMF가 더 친근합니다. MMF는 'Money Market Fund'의 약자로, 이름 그대로 펀드이지만 은행에서 가입 가능한 상품이기 때문이죠. 흔히 펀드는 '돈을 잃을 수도 있다', '위험하다'는 인식이 있지만, 타 펀드에 비해 MMF는 만기 1년 이내의 기업어음 CP, 양도성 예금증서 CD 등 '단기' 금융상품에만 투자해서 운용하기 때문에 '안전하다'라는 말에 더없이 잘 어울리는 상품입니다.

CMA와 유사하게 매일매일 수익이 발생하고, 당일 환매가 가능하기 때문에 단기 자금을 운용하는 데에 매우 적합합니다. 특히 증권사가 먼 나라 이야기로만 느껴지는 분들이라면 은행에서 가입하고 은행 창구 및 ATM을 이용할 수 있다는 것이 가장 큰 장점일 수 있겠네요.

CMA와 MMF 모두 매일 이자가 발생한다는 점에서 매력적인 상품입

	MMF	CMA
성격	펀드	종합 자산관리 계좌
취급기관	은행	증권사, 종금사
입·출금	수시 입·출금 가능(은행 시간 내)	입·출금 자유로움
수익률	평균 연 1%	
장점	이용 가능한 은행 지점 많음	체크카드 발급 가능

니다. 가장 큰 차이점이라면 체크카드 발급 가능 여부죠. MMF는 은행에서 가입이 가능하므로 좀 더 친숙하게 느껴지고 ATM 이용도 자유롭지만, 체크카드를 필요로 하시는 분들에게는 CMA가 좀 더 적합할 수 있습니다.

3 통장 안의 통장

　　이외에도 최근에 출시된 다양한 입·출금 통장의 기능을 활용해서 비상금을 관리할 수도 있습니다. 카카오뱅크의 세이프박스, KB국민은행의 마이핏 통장 비상금 기능 등이 이에 해당되죠.

　이는 A은행 입·출금 통장 안에 예치된 일부 금액을 통장 속 금고에 가두는 방식인데, 한 통장 안에서 금고에 가두는 금액은 별도 우대금리를 제공합니다. 잘 활용하면 MMF나 CMA에 뒤지지 않는 혜택을 누릴 수 있습니다.

　예금자보호가 불가능한 상품이 불안하다면, 제1금융권 은행에서 출시된 일반 입·출금 통장의 새로운 기능들을 활용해서 비상금을 현명하게 운용할 수도 있습니다.

통장 별명 붙이기

▶ 통장 이름 짓기
▶ 적요 활용하기

'올해는 휴대폰을 꼭 바꿔야지!', '엄마 환갑 기념으로 여행 보내드려야지!' 우리는 다양한 이유로 자금을 모으겠다는 목표를 세웁니다. 그리고 이를 실천하기 위해 적금, 예금 등 다양한 금융상품을 활용하죠.

그러나 그 기간 동안 두 눈을 질끈 감고 목표에 다다르는 사람이 있는 반면, 결국 유혹에 무릎을 꿇고 적금이나 예금을 해지해 다음을 기약하는 사람들도 있습니다. 이때 우리가 가진 통장에 이름을 붙여줬다면 상황은 조금 달라졌을 텐데 말이죠. 통장에 이름을 붙인다니, 다소 생소하신가요? 통장에 별명을 붙여 목표 달성에 가까워지는 방법을 알아보겠습니다.

통장에도 이름이 있다

은행 앱으로 활용할 수 있는 수많은 기능 중 가장 간단하면서도 유용한 기능은 '통장 별명 붙이기'입니다. 아무 설정을 하지 않은 상태라면 통장 이름이 '신한 스마트 급여 통장' 등과 같은 은행 상품명으로 표기

입출금 $\textcircled{\$}$

커피통장-여행자금
123-45678-90-111

200,000원

| 이체 | 거래내역 |

돼 있을 텐데요. 은행이 붙여준 이름이 아닌, 계좌 주인인 내가 통장의 목적과 목표에 맞는 이름을 직접 설정하면 목표 달성에 박차를 가할 수 있습니다.

이른바 '커피 통장', '금연 통장', '미국 여행 통장'처럼 각 통장에 무엇을 위해서 자금을 모으고 있는지, 목표를 직관적으로 드러내는 방법입니다.

커피 통장 저축 금액

365일 × 1잔 × 5천 원 = 182만 5천 원

365일 × 2잔 × 5천 원 = 365만 원

'커피 통장'은 매일 2~3잔씩 카페에서 커피를 구입해 마시는 대신, 가끔 사무실 믹스 커피를 마심으로써 줄인 커피값을 저축하는 용도. '금연 통장'은 매일 같이 구매하던 담배를 줄이고 그 비용을 저축하는 용도. '미국 여행 통장'은 내년 미국 여행을 위해서 용돈을 아끼고 남은 돈을 모조리 저축하는 용도. 이와 같이 각 통장에 이름을 붙임으로써 해당 계좌에 무엇을 위해서 돈을 모으고 있는지를 보여주면 저축에 대한 의지가 한층 강화됩니다.

▲ 계좌 이름 설정 캡처 화면

적요를 붙여줘요!

이름을 붙일 수 있는 것은 통장만이 아닙니다. 입·출금 내역도 우리가 직접 바꿀 수 있다는 사실, 알고 계셨나요? 보통은 '받는 통장 표시', '보내는 통장 표시'라고 표기돼 있는 부분입니다. 사용자 대부분이 본인보다는 상대 통장에 기재되는 내용에만 신경을 씁니다.

가령 아파트 관리비 이체라면 받는 통장 표시에 '1401호 10월'과 같이 목적을 입력하겠죠. 이렇게 입·출금 내역에 간단히 메모를 남기는 것을 '적요'라고 합니다. 이 적요를 내 통장 내역에도 잘 활용하면 지출 파악에 큰 도움이 됩니다.

▲ 송금 시 적요 설정 캡처 화면

가계부를 매일 작성하는 사람이라면 굳이 적요를 꼼꼼하게 입력하지 않아도, 내가 어디에 무엇을 위해 돈을 이체했는지 바로바로 체크가 가능하죠. 하지만 가계부를 일주일에 한두 번 몰아서 작성하시는 분들도 많습니다. 그런데 막상 통장 입·출금 내역을 가계부에 기재하려고 해도 '이체 5만 천 원'이라고만 남아 있으면 지출 내역을 바로 파악하기 힘듭니다.

그래서 우리는 '받는 통장 표시'만 입력하지 말고 '보내는 통장 표시'에 지출 내역을 명확하게 기재해 줘야 합니다. 가령 앞선 관리비 이체의 경우 보내는 통장, 즉 내 통장 적요란에 '관리비 10월'이라고 입력해 두었다면 기간이 지난 후에 이를 확인해도 지출 내역을 바로 알 수 있겠죠. 자신을 과신하지 마세요. 빈틈없는 재테크를 위해서는 '기록'만이 답입니다.

재테크 효자손, 가계부

▶ 가계부 앱 활용하기
▶ 정리 원칙 지키기

재테크 고수가 되려면 가계부 작성은 필수라고 얘기합니다. 학창시절에 작성하던 '용돈기입장'은 쉬워 보였는데, '가계부'라니 뭔가 부담스럽고 거창하게 느껴지죠. 하지만 요즘은 다양한 가계부 앱의 등장으로 가계부 작성에 대한 어려움이 많이 사라졌습니다.

직장인들은 한 달에 한 번 수입이 들어옵니다. 그러나 대부분의 직장인은 다음 월급날이 되기 전에 월급을 거의 소진합니다. 이런 상황을 방지하고 한정된 자원을 빈틈없이 사용하기 위해서는 '기록'을 하고 수시로 점검해야 하죠. 바로 이 역할을 '가계부'가 해냅니다. 우리가 가계부를 써야 하는 이유를 돌아보고, 가계부를 진짜 제대로 쓰는 법도 알아봅시다.

1 가계부를 써야 하는 이유

✅ 소비 내역 객관화

가계부를 쓰면 일단 내가 쓴 돈의 규모와 내역이 적나라하게 드러납니다. 어림짐작으로 금액과 내역을 파악하면 '구멍'이 생기기 때문에 그다음 달에도 같은 실수를 반복하죠.

특히 가계부를 쓰지 않는 이들 중 상당수가 카드명세서가 있는데 굳이 가계부를 작성할 필요가 있을까 생각하는데, 카드명세서로는 현금 지출이나 통장 자동이체 내역까지 파악할 수 없습니다. '지출 구멍'이 생기는 거죠. 내가 사용한 돈의 액수와 내역을 객관적 자료로 대면하는 것부터가 단단한 자금 계획의 시작입니다.

✅ 소비 내역 반성

충동적인 소비를 했거나 소비 후에 후회했던 지출 내역이 있다면 체크하고 다음부터는 같은 실수를 하지 않도록 노력해야 합니다. 가령 화장품

1+1 세일을 이유로 쇼핑을 했는데 집에 동일한 제품이 있거나, 이번 달 예산보다 과도하게 초과해 소비했을 경우 가계부에 체크하여 다음 달에 만회할 수 있어야 합니다. 가계부에 작성해 놓은 내용이 없다면 세부 내역까지 정확하게 파악하여 본인의 소비 습관에 대해 반성하는 것이 불가능하겠죠.

✅ 소비 통제

제대로 반성했다면 그다음은 행동을 고칠 차례입니다. 가계부를 지속해서 작성하면 내가 반복적으로 충동 구매를 하는 내역이나 절약할 수 있는 부분 등이 눈에 바로 보입니다. 이 내역들을 보며 잘못을 깨달았으니 그다음 달 생활비를 사용할 때는 해당 내역을 염두에 두고 소비를 하는 겁니다.

특히 이 단계에서 가계부 앱이 빛을 발합니다. 가계부 앱에 달마다 사용할 수 있는 예산을 설정해 두면 현시점 사용할 수 있는 여유 자금을 실시간으로 알려줍니다. 자신의 소비 욕구를 통제하는 데에 도움을 주죠.

2 가계부 쉽게 쓰기

☑ 가계부 앱

　예전에는 '가계부'하면 당연히 책 형태의 두꺼운 종이 가계부를 떠올렸지만 이제는 가계부 앱이 떠오를 겁니다. 그만큼 접근성이 좋고 본인 인증을 통한 금융 정보 연동으로 카드 사용 내역을 자동으로 입력해 주어 편리하거든요. 대표적인 가계부 앱으로는 뱅크샐러드가 있습니다. 뱅크샐러드는 다양한 금융 정보를 함께 제공해 준다는 것이 장점입니다. 가계부 앱은 기본적으로 시각적으로 잘 정리돼 있어서 한눈에 내역들을 파악하기 편리한 것이 장점입니다.

　가계부 앱을 이용한다면 '예산 설정'은 필수입니다. 종이 가계부는 늘 소지하고 다니면서 내역들을 확인하기 불편하지만 가계부 앱은 즉각적인 확인이 가능하다는 것이 가장 큰 장점이고, 이 장점이 가장 잘 부각되는 것이 바로 '예산 설정' 기능이죠. 앞서 언급한 것처럼 소비 통제에 최고로 효과적입니다. 다만 가계부 앱을 맹신해서는 안 됩니다. 우선 가계부 앱은 본인의 금융 정보를 자동 연동하는 기능이 있어 내역이 자동 등록되지만, 구체적인 내역까지 기재되지는 않습니다. 따라서 자동 등록만 믿고

▲ 가계부 앱 '뱅크샐러드' 캡처 화면

스스로 내역을 관리하고 점검하지 않으면, 월말 점검 때 어디에 썼는지 제대로 파악하기 힘들죠.

심지어는 자동 등록이 곧 가계부 작성이라고 착각하는 경우도 있습니다. 하지만 현금 및 상품권 지출 내역 등은 자동 등록이 적용되지 않으므로 본인이 직접 틈틈이 입력해야 합니다. 수시로 앱에 접속해 확인하는 습관을 가져야, 가계부 앱을 제대로 활용한다고 말할 수 있습니다.

☑ 손으로 쓰는 가계부

가계부 앱이 편리성 측면에서는 최고이지만, 편리함을 안겨주는 내역 자동 등록으로 '돈을 썼다'는 것을 체감하지 못하는 경우도 있습니다. 그렇다면 '반성'의 기회도 줄어들겠죠. 이때 종이 가계부까지 이중으로 작성한다면 빈틈없이 완벽한 가계부를 만들 수 있습니다.

손으로 쓰는 가계부라고 해서 반드시 펜으로 작성하는 것을 의미하는 것은 아닙니다. 엑셀 파일로 나만의 양식을 만들어서 휴대폰, 태블릿 PC 등을 활용해도 됩니다. 개인적으로 늘 소지하는 아이패드에 블로그나 유튜브를 통해서 무료로 공유받을 수 있는 양식을 다운로드해 이중 작성을 실천하고 있는데요. 저 역시 가계부 앱에 누락된 내역들이 생각보다 많아서 종종 놀라곤 합니다.

3 가계부 작성 꿀팁

☑ 소비 내역은 간단하게

처음부터 가계부를 매일 완벽하게 작성하려고 하지 마세요. 무슨 일이든 초반에 힘을 빼면 오래 달리기가 어렵습니다. 모든 내역을 매일 작성하려는 강박을 갖기보다는, 일주일에 한 번을 쓰더라도 가능하면 지출을 빠짐없이 적는다는 마음가짐으로 임하는 것이 좋습니다. 중간에 지쳐 포기하는 사태가 발생하지 않도록 말이죠.

내역을 작성할 때도 지나치게 세세한 것까지 작성하려고 애쓰다 보면 점차 가계부와 멀어지게 될 겁니다. 가령 편의점에서 우유, 빵, 사탕을 샀다고 해서 '우유 1천 원', '빵 1천 500원', '사탕 900원'처럼 각 내역을 세분화해서 작성할 필요는 없습니다. 한 묶음으로 '편의점 3천 400원'이라고 기재하면 됩니다. 이번 달만 작성하고 말 것이 아니므로 간단하되 정확하게 쓰는 거죠. 각자만의 가계부 작성 방식을 만들어 가면 됩니다.

☑ 첫 단추는 지출 구멍을 메우는 것부터

가계부에는 너무 많은 빈 칸이 있죠. 수입과 지출에 대한 내역은 기본이고 매달 고정으로 납부하는 보험료, 대출 상환 내역, 자산 내역 등 세부 내역 종류만 봐도 벌써 머리가 지끈지끈 아플 지경입니다.

처음에는 수입에 대한 지출만 정확하게 적자는 마음으로 가계부 작성을 시작하세요. 옷 한구석에 생긴 작은 구멍이 손바닥만큼 커지는 것도 순식간입니다. 우리의 지출에 생긴 구멍이 커지지 않게 막는 것이 가계부 작성의 가장 큰 목적이니까요. 시작이 반이라고 하죠? 소비 내역과 지출 내역 칸을 완벽하게 적는 것부터 시작하면, 나머지는 그렇게 어렵지 않을 겁니다.

저축 계획 세우기

▶ 이벤트 지출 플래너 쓰기
▶ 저축 플래너 쓰기

1월 1일 새해가 되면 제야의 종소리가 들려오고 사람들은 각자가 꿈꾸는 새로운 한 해를 그립니다. 새해 소망 중 자주 언급되는 것은 '돈 모으기', '취업 성공하기', '영어 공부하기' 등입니다.

그렇다면 이 중에서 '돈 모으기'를 목표로 세우신 분들 중, 성공하신 분들은 얼마나 될까요? 아마도 상당수가 본인이 세운 계획에 대한 실패를 합리화하면서 한 해를 마무리하실 것 같은 슬픈 예감이 드는 것은 왜일까요.

여러분이 매해 세운 자산 계획이 실패하는 이유는 여러분에게 있습니다. 여러분의 다이어리에 빼곡히 적힌 저축 계획은 실패할 수밖에 없는 계획이었던 거죠. 그 이유에 관해 자세히 알아봅시다.

명확한 목표 설정

　'여행 자금 모으기', '엄마 환갑 잔치 비용 모으기', '적금 끝까지 깨지 않기'. 지금까지 여러분이 세웠던 '저축 계획'은 대부분 이런 식이었습니다. 문제점을 찾으셨나요? 목표가 막연합니다. 목표는 구체적일수록 달성할 확률이 높습니다. 구체적인 목표에 따라서 세부적인 실천 계획을 수립할 수 있으니까요.

　여행 자금 모으기가 목표라면, 일단 어느 나라 여행을 원하는지 정합니다. 미국? 동남아? 아니면 제주도? 어느 국가를 며칠 동안 여행하는가에 따라 필요한 여행 자금의 금액도 크게 달라집니다. 심지어는 한 나라 안에서도 어떤 테마로 여행을 하는가에 따라서 체류하는 지역이나 체험 활동도 달라지고, 비용의 범위에도 차이가 생기겠죠.

　어머니의 환갑 잔치 비용도 마찬가지겠죠. 가족 행사를 위해 호텔 식당을 대여할 것인지, 가족사진을 촬영할 것인지 등 선택지에 따라서 비용의 범위가 조정될 수 있습니다. 다른 목표도 모두 같은 이치로 스스로 '실패'의 확률을 높였을지도 모릅니다.

　'결혼하면 정말 돈이 빨리 모이나요?' 사람들이 정말 많이 물어보는 질문입니다. 맞는 말입니다. 결혼 후에는 대체로 자금이 빨리 모입니다. 결혼 전에는 '나중에 결혼 자금으로 쓸 돈이야', '나중에 차 살 돈이야' 등 막연한 목표를 세우고 대략의 비용 예측으로 자금을 모으지만, 결혼 후에는 이미 대출을 받은 비용과 미래에 사용할 돈을 현실적으로 계산해서 달마다 저축을 하게 되었습니다.

그러나 결혼했다는 이유만으로 빠른 속도로 자금을 모을 수 있게 되는 건 아닙니다. 결혼 이전에 비해 구체적인 목표를 갖게 된 덕분인 거죠. 결국 '막연한 목표'와 '구체적인 목표'의 차이입니다.

2 이벤트 플래너 작성

1년간의 자금 계획에 저축만 있는 건 아닙니다. 필수 지출 목록은 연초에 파악하여 자금 계획에 포함시켜 놓아야 합니다. 가령 가족들의 생일, 어버이날, 명절 등은 필수적으로 지출이 생기는 이벤트입니다.

희애 씨 가족은 희애 씨 제외 총 3명

남자친구까지 고려해 기념일을 챙길 사람은 총 4명.
각 생일 때마다 예산은 10만 원씩, 소요 비용 총 40만 원.

추석과 설, 명절마다 부모님께 드릴 용돈 각 10만 원씩

소요 비용 총 40만 원.

이외에 친구들과 모으고 있는 모임 비용

해마다 나에게 주는 연말 선물 등 고정 비용 고려.

해마다 지출해야 하는 이벤트나 기념일은 처음부터 지출 플래너를 별도로 작성해 한눈에 파악할 수 있게 되면 이에 따른 저축 계획도 세울 수 있습니다.

보통은 이러한 상황들을 고려하지 않기에 막상 해당 월이 되면 생활비가 빠듯하다고 느낍니다. 자연스럽게 비상금 통장으로 손을 뻗고 있는 자신을 발견하게 됩니다. 이미 예고된 이벤트를 고려해 대비한다면 빠듯할 이유가 전혀 없습니다. 각자의 지출 이벤트를 파악해서 저축 계획을 세워 보세요.

연간 이벤트 플래너

	1월 내역	1월 예상금액	2월 내역	2월 예상금액	3월 내역	3월 예상금액	4월 내역	4월 예상금액	5월 내역	5월 예상금액	6월 내역	6월 예상금액	7월 내역	7월 예상금액	8월 내역	8월 예상금액
1일	신정				삼일절											
2일							아빠 생일	20만 원								
3일																
4일																
5일									어린이날							
6일			애인 생일	10만 원												
7일																
8일																
9일	엄마 생일	20만 원							내 생일 ♥	20만 원						
10일																
11일			명절 용돈	10만 원												
12일			설날													
13일																
14일																
15일																광복절	
16일	결혼식	10만 원														
17일																
18일																
19일									식거판신혼							
20일																
21일																
22일																

▲ 연간 이벤트 플래너 예시

1년 동안 필수적으로 지출이 발생할 이벤트를 파악해 정리했다면 이제는 나의 위시리스트를 작성할 차례입니다. 저축 플래너는 이 두 가지를 바탕으로 작성해야 합니다. 막연하게 '올해는 1천만 원을 모을 거야!'라고 금액을 목표로 세운다면 연말이 되기도 전에 그 계획은 힘이 빠져 포기하기 쉽습니다.

희애 씨는 7월에 동남아로 여행을 가기로 했습니다. 동남아에서 수영장이 넓은 리조트에서 묵기 위해서는 3박 4일 기준 150만 원 정도가 소요될 것으로 예상됩니다. 그럼 희애 씨는 동남아 여행 자금을 마련하기

연간 저축 플래너

	1월	2월	3월	4월	5월	6월	7월	8월
저축 목적(금액)	어버이날	어버이날	어버이날	어버이날	제주도 여행	제주도 여행	제주도 여행	
목표 금액	10만 원	10만 원	10만 원	10만 원	15만 원	15만 원	20만 원	
저축 목적(금액)		친구 결혼식	친구 결혼식		엄마 생일	엄마 생일		
목표 금액		5 만원	5만 원		10만 원	10만 원		
저축 목적(금액)			아이패드	아이패드	아이패드			
목표 금액			15만 원	15만 원	15만 원			
저축 목적(금액)								
목표 금액								
저축 목적(금액)								
목표 금액								
저축 목적(금액)								

▲ 저축 플래너 예시

위해서 해당 월을 제외한 1월부터 6월까지 매달 25만 원 정도를 저축하면 되겠죠.

이번에는 11월에 있는 남자친구의 생일을 계획해 보겠습니다. 올해 생일엔 남자친구의 취업 1주년 선물로 벨트를 선물하려고 합니다. 남성 벨트 브랜드를 검색해 보니 가죽 벨트는 30만 원 정도입니다. 11월이 생일이니 1월부터 10월까지 3만 원씩 저축하면 생일 선물을 무리 없이 구입할 수 있을 것 같습니다.

저축 금액을 정할 때에는 이처럼 지출이 필수인 이벤트와 위시리스트를 위해 지출이 예상되는 시기와 금액을 대략이라도 파악하여 계획을 세워야 합니다. 이처럼 계획을 세우고 나면 달마다 저축해야 되는 금액을 한눈에 파악할 수 있고, 이에 따라서 '적금'과 '비상금'을 나누어 적당한 상품에 가입하고 때에 맞게 만기 해지를 할 수 있겠죠.

적금을 만기 때까지 해지하지 않는 특별한 비결이 따로 있는 건 아닙니다. 의지의 문제죠. 구체적인 계획을 갖고 적금에 가입했다면 해지할 일이 없겠죠. 적금 해지는 나의 계획을 무산시키는 셈이니까요.

추천하지 않아요! 풍차돌리기

▶ 저금리 시대, 풍차돌리기 장·단점 이해하기

제 채널에서 구독자들의 찬성과 반대가 가장 극심하게 갈리는 영상이 하나 있습니다. '은행원이 풍차돌리기를 비추천하는 이유' 영상이죠. 재테크의 정석처럼 여겨지는 풍차돌리기를 은행원은 추천하지 않는다고? 책을 보면서도 의아하게 생각할 분이 많을 겁니다.

풍차돌리기의 방법론을 담은 콘텐츠가 대다수인 상황에서, 은행원 출신인 제가 '비추천' 영상을 올렸으니 갑론을박이 벌어진 거죠. 그렇다면 제가 왜 풍차돌리기를 추천하지 않는다고 했을까요? 그 이유를 차차 설명해 보겠습니다.

1

풍차돌리기란?

풍차돌리기는 가입하는 상품의 유형에 따라서 '적금 풍차돌리기'와 '예금 풍차돌리기'로 나눌 수 있습니다. 1년 동안 매달 새로운 상품에 가입해 1년 후부터 매달 월급처럼 목돈을 손에 쥘 수 있다는 특징은 두 가지 모두 동일합니다. 매달 가입하는 상품이 적금이라면 적금 풍차돌리기, 해당 상품이 예금이라면 예금 풍차돌리기가 되겠죠.

적금 풍차돌리기 시뮬레이션 (단위·만) 신규가입

	1월	2월	3월	4월	5월	6월	7월	8월	9월	10월	11월	12월
적금1	10	10	10	10	10	10	10	10	10	10	10	
적금2		10	10	10	10	10	10	10	10	10	10	10
적금3			10	10	10	10	10	10	10	10	10	10
적금4				10	10	10	10	10	10	10	10	10
적금5					10	10	10	10	10	10	10	10
적금6						10	10	10	10	10	10	10
적금7							10	10	10	10	10	10
적금8								10	10	10	10	10
적금9									10	10	10	10
적금10										10	10	10
적금11											10	10
적금12												10
합계(이자외)	10	20	30	40	50	60	70	80	90	100	110	120	780

1년에 총 780만원, 매월 평균 65만 원 저축하는 셈

▲ 적금 풍차돌리기 예시

희애 씨는 1월부터 1년 만기로 매달 10만 원씩 적금 풍차돌리기를 하기로 했습니다. 그럼 첫 달인 1월에는 1년 만기로 10만 원 정기적금에 가입합니다. 2월에도 동일한 조건의 1개 적금에 더 가입해서 2월에는 보유하고 있는 적금이 2개가 됩니다. 이렇게 동일한 패턴으로 매달 새로운 적금에 가입하면 12월에는 총 12개 적금을 보유하게 됩니다. 그리고 다음해 1월이 되면, 1년 동안 넣은 첫 번째 적금은 만기 해지를 하게 되죠. 이때부터는 매달 목돈을 손에 쥐게 됩니다.

이처럼 한 바퀴를 다 돌고 나면 시작점과 마주하게 됩니다. 이처럼 상품을 굴려서 1년이 지나면 결실을 맞이하게 되는 방식이라서 '풍차돌리기'라는 이름이 붙었습니다. 저축 습관이 제대로 자리 잡히지 않은 사람들이 강제 저축을 하기 위해 많이 활용하는 방법입니다.

2 풍차돌리기의 장점과 단점

✓ 장점

저축 습관을 형성하는 데에 풍차돌리기는 확실히 좋은 방법입니다. 이미 상품에 가입했으니 매달 저축을 하지 않을 수 없고, 특히 적금 풍차돌리기는 횟수가 뒤로 갈수록 저축 금액이 증가하므로 절약하는 금액도 점차 늘려갈 수 있습니다. 1년 뒤 첫 번째 만기 해지가 시작되는 순간부터는 매달 월급처럼 목돈이 생긴다는 것도 장점입니다. 갑자기 목돈을 마련하고자 한다면 막막할 수 있지만, 지난 1년 동안 서서히 쌓아온 자금이므로 부담도 적습니다.

✓ 단점

기간 측면을 먼저 살펴보죠. 풍차돌리기는 1년 뒤부터 하나씩 만기가 되기 때문에 모든 적금이 만기될 때까지는 2년이 소요됩니다. 반면 일반 적금에 가입하면 1년 만에 목돈을 손에 쥘 수 있고, 이 자금을 바탕으로 또 다른 상품에 가입할 수 있는 여유가 생기죠.

금리도 생각해 봐야 합니다. 드라마 〈응답하라 1988〉에서 주인공 덕선의 아버지인 성동일은 은행원입니다. 그가 했던 말 중에서 "은행에 돈 넣어두면 금리 7~8%씩 알아서 챙겨주는데!"라는 대사가 나옵니다. 지금은 상상도 할 수 없는 숫자입니다. 적금과 예금만 믿어도 고금리 이자가 저절로 따라오는 시절에는 예·적금 풍차돌리기가 분명히 훌륭한 재테크 수단이었습니다. 그러나 지금은 저금리 기조가 장기화되고 있는 시대입니다. 풍차돌리기를 하면서 목돈을 1~2년씩 묶어두기에는 자산가치가 너무 낮습니다.

오히려 일반 적금으로 풍차돌리기를 한 다음 첫 해의 원금을 정기예금에 예치했다면 더 나은 이자 수익을 받을 수 있겠죠. 1년 만기, 연 2% 정기예금에 예치를 했다면 추가 이자를 받을 수 있습니다. 중도해지 위험도 무시할 수 없습니다. 풍차돌리기를 하는 동안 급전이 필요할 경우 중도인출이나 해지 등의 선택을 해야만 합니다. 반면 일반 적금이나 예금으로 예치했을 때에는 비교적 빨리 목돈을 마련할 수 있으므로 중도해지의 위험이 적습니다.

풍차돌리기는 저축 습관 형성에는 좋은 방법임이 분명합니다. 다만 은행원들은 고객이 어떻게 하면 더 많은 이자 수익을 올릴 수 있을지 고민하고 추천하기 때문에 풍차돌리기를 추천 대상에서 배제하는 경우가 많은 거죠.

풍차돌리기 vs 일반 적금

       풍차돌리기를 실천한 희애 씨와 그렇지 않은 짝꿍의 예시를 들어보겠습니다. 희애 씨와 짝꿍 둘 다 1년 동안 운용할 수 있는 자금은 1천 200만 원입니다.

  짝꿍은 풍차돌리기를 하지 않고 1천 200만 원을 1년 동안 일반 적금을 가입해 운용하기로 했습니다. 1월에 1년 만기, 연 3% 금리로 매달 20만 원씩 저축하는 정기적금 총 5개에 가입했습니다. 반면 희애 씨는 풍

1년차

	1월	2월	3월	4월	5월	6월	7월	8월	9월	10월	11월	12월
적금1(3%)	200.000	200.000	200.000	200.000	200.000	200.000	200.000	200.000	200.000	200.000	200.000	200.000
적금2(3%)	200.000	200.000	200.000	200.000	200.000	200.000	200.000	200.000	200.000	200.000	200.000	200.000
적금3(3%)	200.000	200.000	200.000	200.000	200.000	200.000	200.000	200.000	200.000	200.000	200.000	200.000
적금4(3%)	200.000	200.000	200.000	200.000	200.000	200.000	200.000	200.000	200.000	200.000	200.000	200.000
적금5(3%)	200.000	200.000	200.000	200.000	200.000	200.000	200.000	200.000	200.000	200.000	200.000	200.000

1년차

	1월	2월	3월	4월	5월	6월	7월	8월	9월	10월	11월	12월
적금1(3%)	153.846	153.846	153.846	153.846	153.846	153.846	153.846	153.846	153.846	153.846	153.846	153.846
적금2(3%)		153.846	153.846	153.846	153.846	153.846	153.846	153.846	153.846	153.846	153.846	153.846
적금3(3%)			153.846	153.846	153.846	153.846	153.846	153.846	153.846	153.846	153.846	153.846
적금4(3%)				153.846	153.846	153.846	153.846	153.846	153.846	153.846	153.846	153.846
적금5(3%)					153.846	153.846	153.846	153.846	153.846	153.846	153.846	153.846
적금6(2.5%)						153.846	153.846	153.846	153.846	153.846	153.846	153.846
적금7(2.5%)							153.846	153.846	153.846	153.846	153.846	153.846
적금8(2.5%)								153.846	153.846	153.846	153.846	153.846
적금9(2.5%)									153.846	153.846	153.846	153.846
적금10(2.5%)										153.846	153.846	153.846
적금11(2.5%)											153.846	153.846
적금12(2.5%)												153.846

차돌리기로 1천 200만 원을 운용하기 위해서 달마다 15만 3,846원씩 불입하는 적금에 가입했습니다.

그런데 짝꿍이 가입한 적금은 일체 연 3% 금리인데, 희애씨가 가입한 적금 일부는 금리가 다르죠? 이는 현실을 그대로 반영한 것입니다. 실제로 은행에서 고금리 적금을 출시한다고 하더라도 1인당 1개 상품만 가입 가능하도록 조건을 두기 때문에, 고금리 적금으로 12개를 모두 가입하는 것을 불가능합니다. 따라서 적금 12개 중 7~8개는 저금리 상품으로 가입하게 되죠.

1년 뒤	풍차돌리기(희애 씨)		NO풍차돌리기(짝꿍)	
	원금	1,846,152	원금	12,000,000
	이자	30,000	이자	195,000

1년차

	1월	2월	3월	4월	5월	6월	7월	8월	9월	10월	11월	12월
적금1(3%)	153.846	153.846	153.846	153.846	153.846	153.846	153.846	153.846	153.846	153.846	153.846	153.846
적금2(3%)		153.846	153.846	153.846	153.846	153.846	153.846	153.846	153.846	153.846	153.846	153.846
적금3(3%)			153.846	153.846	153.846	153.846	153.846	153.846	153.846	153.846	153.846	153.846
적금4(3%)				153.846	153.846	153.846	153.846	153.846	153.846	153.846	153.846	153.846
적금5(3%)					153.846	153.846	153.846	153.846	153.846	153.846	153.846	153.846
적금7(2.5%)						153.846	153.846	153.846	153.846	153.846	153.846	153.846
적금8(2.5%)							153.846	153.846	153.846	153.846	153.846	153.846
적금9(2.5%)								153.846	153.846	153.846	153.846	153.846
적금10(2.5%)									153.846	153.846	153.846	153.846
적금11(2.5%)										153.846	153.846	153.846
적금12(2.5%)												153.846

풍차돌리기를 실천한 희애 씨와 일반 적금에 가입한 짝꿍의 1년 뒤 상황입니다. 짝꿍은 1년 만기 상품을 가입했기 때문에 가입한 적금 5개 모두 만기 해지를 하게 됩니다. 원금 1천 200만 원을 한꺼번에 손에 쥐고, 이자는 총 19만 5천 원을 받겠네요.

반면 풍차돌리기를 한 희애 씨는 첫 번째 달에 가입한 상품만 만기 해지했습니다. 원금은 184만 6천 152원, 이자는 3만 원을 받습니다.

	풍차돌리기(희애 씨)		NO풍차돌리기(짝꿍)	
1년 뒤	원금	1,846,152	원금	12,000,000
	이자	30,000	이자	195,000
2년뒤	원금	24,000,000	원금	24,000,000
	이자	325,000	이자	390,000

　　1년 만기 적금 풍차돌리기 1세트를 하는 데엔 총 2년이 걸립니다. 2년 뒤의 상황을 보죠. 짝꿍은 이미 적금이 모두 만기가 됐기 때문에 같은 조건의 적금 5개에 다시 가입했습니다. 짝꿍은 원금 1천 200만 원을 다시 손에 쥘 수 있으므로 2년 동안 목돈 2천 400만 원을 마련했습니다. 이자로는 2년 총합 39만 원을 받았습니다. 희애 씨는 풍차돌리기가 모두 종료 됐기 때문에 역시 원금 2천 400만 원을 손에 쥐고 이자로는 32만 5천 원을 받았습니다. 왜 제가 추천드리지 않았는지, 이해되셨나요?

퇴직연금, IRP

▶ 퇴직연금 이해하기
▶ 내게 맞는 퇴직금 고르기

"퇴직연금 통장 수익이 영 좋지 않은데 방법이 없을까요?" 한 재테크 강의에서 수강생이 제게 한 질문이었습니다. 그래서 제가 "지금 DC형으로 운용하고 계셔서 그러시는 거죠?"라고 여쭤보니, 그 부분은 잘 모르겠다고 머쓱해 하며 웃으시더라고요.

많은 직장인이 훗날 본인이 수령할 퇴직금에 대해서 제대로 알지 못하고 있습니다. 심지어는 퇴직금이 어떤 형태로 관리되고 있는지 모르는 경우도 허다합니다. 이번에는 직장인의 퇴직금을 둘러싸고 있는 다양한 상품들과 구조를 정리해보겠습니다.

퇴직금과 퇴직연금

우선 '퇴직금'과 '퇴직연금'의 개념부터 제대로 잡고 가야 할 것 같네요. 우리가 회사를 그만둘 때 받는 돈이 '퇴직금'이라는 건 다들 알고 계실 겁니다. 근데 '퇴직연금'은 조금 생소하죠?

퇴직연금이란, 회사가 직원들의 퇴직금을 직접 관리하지 않고 금융기관이나 퇴직연금 위탁기관에 위탁해 관리하는 제도를 말합니다. 2005년 근로자 퇴직급여 보장법이 제정되면서 함께 도입된 제도로, 퇴직연금 덕분에 근로자들이 퇴직금을 비교적 안전하게 보장받을 수 있게 됐습니다.

예를 들어, 회사가 예상치 못한 악재로 망했다고 가정해 봅시다. 이 경우에는 구성원들이 퇴직금을 제대로 받지 못하는 불상사가 생길 가능성이 큽니다. 그러나 퇴직연금으로 회사가 평소에 타 기관에 퇴직금을 위탁해 놓았다면, 직원들은 무탈하게 퇴직금을 수령할 수 있게 됩니다. 어떤 위험에도 퇴직금이 안전하게 지켜질 수 있는 금고에 보관해 둔 셈이죠.

퇴직연금은 크게 두 가지로 분류할 수 있습니다. 확정급여형과 확정기여형 한 묶음, 개인형 IRP 한 묶음인데요. 퇴직연금의 가장 기본적인 선택지인 확정급여형과 확정기여형부터 알아보겠습니다.

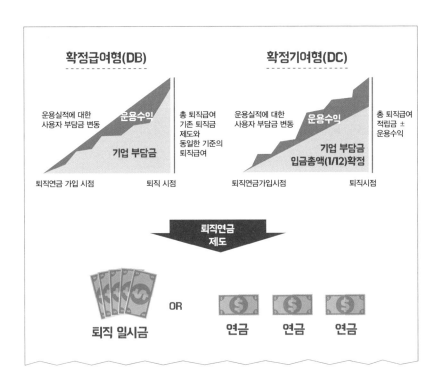

☑ 확정급여형(DB형)

DB는 Defined Benefit의 약자입니다. 수령할 퇴직금이 확정돼 있다는 뜻이죠. 회사가 일정 금액을 계약한 금융기관에 정기적으로 위탁하는 방식입니다. 회사가 각 직원에게 해당하는 퇴직금을 금융기관에 적립해 직접 운용합니다. 여기서 '직접'이 중요합니다. 운용 주체가 '회사'라는 얘기죠.

회사가 직접 운용하기 때문에 '이익'과 '손실'에 대해서 전적으로 회사가 책임을 집니다. 이익이 생겨도 회사 귀속이 되고, 손실이 생겨도 회사가 충당하는 거죠. 따라서 우리가 수령할 퇴직금은 일정하게 유지됩니다. 일반적으로 퇴직금은 직원의 퇴사 전 3개월 평균 임금에 근속 연수를 곱한 계산으로 산출합니다.

☑ 확정기여형(DC형)

DC는 Defined Contribution의 약자로, 기여에 따라서 퇴직금이 정해지는 것을 말합니다. 여기서 '기여'라는 것은 근로자가 직접 퇴직금 운용에 관여한다는 의미입니다. 회사가 위탁 금융기관에 개인이 받은 퇴직금 중 일부를 위탁해 두면, 해당 금액에 대해서 개인이 직접 운용할 수 있습니다.

따라서 DC형을 선택하면 회사는 해당 직원의 임금 1/12 이상을 위탁 금융기관에 미리 적립해 놓고, 해당 직원은 이 적립금을 직접 운용합니다.

DC형은 근로자 본인이 직접 운용하기 때문에 손익에 대해서도 모두 근로자가 책임을 지는데요. 따라서 DB형처럼 퇴직금이 고정된다는 개념은 없고 운용에 따라서 그 규모가 결정됩니다.

✅ 개인형 IRP란?

IRP란 'Individual Retirement Pension'의 약자로, 재직자가 재직 중에도 언제든지 가입해 퇴직연금을 운용할 수 있는 '개인형 퇴직연금 제도'입니다. 퇴직할 때 퇴직금을 수령하여 적립하는 용도뿐만 아니라 개인적으로도 자금을 예치하여 운용할 수 있습니다.

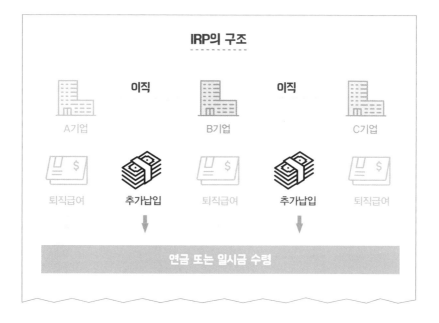

55세 미만의 근로자라면 DB형을 선택하든 DC형을 선택하든 퇴직금을 수령할 때는 무조건 개인형 IRP 통장을 이용해야 합니다. 개인 입·출금 통장으로 받는 등의 선택지는 없고 개인형 IRP 통장으로 의무 이전되어 퇴직연금으로 연계되는 겁니다.

퇴직금을 IRP 통장으로 수령한 후에는 퇴직연금으로 운용하면서 적립할 것인지, 일시금으로 수령할 것인지를 결정해야 합니다. 퇴직연금은 55세 이후에 퇴직금과 개인이 불입한 자금을 모두 합쳐서 연금처럼 받을 수 있는 상품입니다. 반면 일시금 수령은 퇴직금을 한꺼번에 목돈으로 수령할 수 있게 당장 해지하는 것을 의미합니다. 만약 퇴직연금으로 운용하는 것을 선택한다면 IRP 계좌 안에 저축 상품이나 투자 상품을 담아 이윤을 늘려나가면 됩니다.

퇴직금을 수령할 때는 '퇴직소득세'가 부과됩니다. 다만 퇴직금을 일시금으로 수령하지 않고, 개인형 IRP 통장에서 퇴직연금으로 운용하게 되면 퇴직소득세는 이연됩니다. 세금을 나중에, 더 적은 규모로 낼 수 있게 해주는 거죠. 일시금으로 수령하는 경우에는 별도로 퇴직소득세 및 기타소득세를 본 금액 그대로 즉시 납부하게 됩니다. 이처럼 IRP 통장을 활용하면 '세액공제'도 받을 수 있습니다. 더 자세한 설명은 뒤에 연말정산 편을 참고하세요!

	확정급여형(DB)	확정기여형 DC	개인형 IRP
수령 형태	퇴직 시 개인형 IRP로 퇴직금 의무 이전		퇴직연금 or 일시금 수령
퇴직 급여	확정 (퇴직 전 3개월 평균 연금 ×근속 연수)	운용 성과에 따라 변동	운용 성과에 따라 변동
추천 대상	재테크 지식 부족하나 임금 상승률이 좋은 경우	재테크 지식 多, 임금 상승률이 좋지 않은 경우	퇴직금 외 추가 자금 운용을 원하는 경우

DB형은 근로자가 따로 신경을 쓰지 않아도 퇴직금 금액이 보장됩니다. 운용을 직접 하는 것이 아니므로, 그에 따른 손익에 대해서 책임을 질 필요가 없죠. 재테크 문외한이거나 따로 관리를 하고 싶지 않다면 DB형을 추천합니다. 또한 임금 상승률에 따라서 퇴직금의 규모도 커지기에 임금 상승률이 높은 편이라면, 안전하게 DB형을 선택하는 것도 좋은 방법입니다.

반면 DC형은 근로자가 직접 운용해야 하므로, 재테크에 대해서 박식하고 관심이 있다면 DC형이 유리할 수 있습니다. DB형과는 반대로 임금 상승률이 낮은 상황이라면, DC형으로 퇴직금의 몸집을 불리는 편이 더 좋겠죠. 임금 상승률이 낮다면, 결국 수령할 수 있는 퇴직금의 금액과 상승률도 크지 않으니까요. 단, DC형을 선택한다면 금융상품 운용에 대한 사전 지식 습득은 필수입니다.

중도인출이 가능하다는 점도 DC형의 큰 특징입니다. 법적 요건을 충족할 때 가능한데요. 무주택자의 주택 구입, 본인 및 부양가족의 6개월 이상 요양으로 의료비를 부담해야 하는 경우, 개인회생 등이 이에 해당됩니다.

2장

슬기로운
금융생활

카드 / 대출

카드 설명서 읽기

▶ 카드 설명서 바르게 이해하기

"고객님 장 보고 오는 길이세요? 오늘은 얼마나 구매하신 거예요? 제가 지금 고객님 카드 보유 상황을 보니까 오늘 같은 날 할인받을 수 있는 카드가 전혀 없더라고요. (재빠르게 광고지 내밀며) 이 카드로 마트에서 장 보시면 최대 **10%**나 할인받으실 수 있어요. 어휴, 그럼요. 연회비도 **1**만 원이니까 괜찮죠. 이 카드는 안 만들면 손해라니까요?"

과거엔 저도 했고, 지금도 어렵지 않게 들을 수 있는 은행원들의 카드 권유 멘트입니다. 물론 많은 고객이 단칼에 거절하긴 하지만, 일부 고객들은 은행원이 빠르게 읊은 '10% 할인'이란 말에 표정이 밝아지며 설명서를 이리저리 살펴봅니다. 이때 고객이 할인 내역 외의 다른 항목들도 꼼꼼하게 살펴봤다면 다음에 오겠다며 고사할 텐데요. '할인 내역 외의 다른 항목'이라는 것이 무엇일까요?

안성맞춤 카드를 얻으려면

여러분이 카드 설명서에서 필수적으로 봐야 할 항목은 '전월 실적'과 '통합할인 한도'입니다. 전월 이용 실적은 전달에 사용한 카드 금액을 의미합니다. 현재 10월이라면 전월 실적은 9월 사용분을 의미하는 것이겠죠. 통합할인 한도 역시 단어 그대로입니다. 모두 합쳐서 할인받을 수 있는 한도를 의미합니다. 보통은 전월 이용 실적과 통합할인 한도가 짝꿍처럼 붙어 다닙니다. 대체로 전월 이용실적에 따라 통합할인 한도의 범위가 달라지곤 합니다.

다음 페이지는 IBK기업은행 카드사의 카드 설명서입니다. 이 카드는

☐ 카드 '상품 설명서' 체크하기!

1. 전월 실적
2. 실적 제외 대상
3. 통합할인 한도

▲ 카드 설명서 체크 리스트

🎬 **CGV, 롯데시네마, 메가박스 1만원 할인**
- 현장 및 온라인 예매 시
- 통합 월 1회, 연 12회, 건당 1만원 이상 결제 시
- 예매 대행 사이트를 통한 예매 시 할인 제외

☕ **주요 커피전문점 20% 할인**
- 스타벅스, 커피빈, 카페베네, 탐앤탐스, 엔제리너스, 투썸플레이스, 할리스, 달.콤
- 통합 1일 1회, 월 2회, 1회 이용금액 2만원 한도
- 백화점 및 할인아울렛/상점 입점 매장은 제외

🖥 **쿠팡, 티켓몬스터, 위메프 20% 할인**
- 통합 1일 1회, 월 2회, 1회 이용금액 2만원 한도

🎮 **GS25, CU, 세븐일레븐, 올리브영 10% 할인**
- 통합 1일 1회, 월 2회, 1회 이용금액 1만원 한도

- 할인서비스는 카드 이용시점 기준 전월 1일부터 말일까지의 국내 가맹점 이용금액이 50만원 이상인 경우 제공. 단, 전월 실적 산정시 제세공과금(국세/제반세/도시가스/사회보험/공공요금 등), APT관리비, 대학등록금, 상품권(선불카드 포함) 구입 및 충전, 교통요금 제외
- 상품권(선불카드 포함) 구매 및 충전금액, 무이자할부 이용금액에 대해서는 할인 서비스 미제공
- 카드 사용등록일로부터 다음달말까지는 카드 이용금액과 관계 없이 통합 할인한도 2만원을 기본으로 제공
- 각 할인 서비스는 할인되는 매출의 승인시점 기준으로 제공

🛒 **이마트, 홈플러스, 롯데마트 5% 할인**
- 통합 월 1회, 1회 이용금액 10만원 한도
- 기업형 슈퍼마켓(이마트 에브리데이, 홈플러스 익스프레스, 롯데수퍼 등) 및 인터넷/PG업체 등을 통해 결제되는 경우 할인 미제공

🚌 **버스, 지하철 이용건당 200원 할인**
- 후불교통카드로 이용한 건에 한함
- 매출표 접수당 1일 기준으로 월 최대 2천원 할인
- 환승으로 이용된 건은 이용횟수에서 제외

⛽ **전 주유소 리터당 60원 할인**(LPG포함)
- 통합 1일 1회, 월 2회, 회당 주유금액 10만원 한도
- 할인 금액 산정방법 = 주유이용금액 X $\frac{\text{리터당할인금액(60원)}}{\text{기준유가}}$

*기준유가 : 참우사 고시 휘발유가 기준
(경유, 등유, LPG는 휘발유가로 환산하여 할인 적용)

전월이용금액	50만원 이상	70만원 이상	100만원 이상
월간 통합할인한도	2만원	3만원	4만원

- 전월 이용금액 산정 시 승인취소 금액은 취소매출표 접수월 이용 금액에서 차감되며, 할인 제공 매출건을 취소하는 경우 할인받은 금액은 반환(청구) 처리
- 월간 통합할인한도는 매월 1일에 생성되고 매월 말일에 소멸되며, 잔여 통합할인한도는 이월되지 않음
- 가족카드의 경우 본인회원의 이용금액과 합산되지 않으며, 카드별 이용 금액을 체크하여 서비스를 제공
- 모든 가맹점은 BC카드에 등록된 가맹점 업종 기준으로 할인 제공
- 할인서비스는 각종 간편결제를 통해 결제되는 경우 제공되지 않을 수 있음

▲ IBK기업은행 카드 설명서 캡처 화면

영화관 1만 원 할인, 커피전문점 20% 할인, 편의점 10% 할인 등 다양한 가맹점을 통해 할인 서비스를 제공합니다. 꽤나 혜택이 좋은 편이죠. 할인 혜택만 살펴봤을 때는 굉장히 좋은 카드라는 생각이 듭니다. 하지만 우리가 봐야 할 것은? 바로 전월 이용 실적과 월간 통합할인 한도입니다.

사진의 좌측 아래를 보면 전월 1일부터 말일까지 국내 가맹점 이용 금액이 50만 원 이상인 경우 할인 서비스를 제공한다는 내용이 작은 글씨로 기재돼 있습니다. 대부분의 카드 설명서가 전월 실적에 관한 내용을 글씨 크기는 작게, 위치는 하단에 배치하는 경향이 있으니 눈을 크게 뜨고 봐야 합니다.

따라서 이 카드는 전달에 50만 원 이상을 사용하지 않았다면 할인 혜택을 받을 수 없다는 말이 됩니다. 월간 통합할인 한도는 역시 말씀드린

것처럼 전월 실적과 짝꿍처럼 붙어 있습니다. 전달에 50만 원 이상 썼다면 2만 원, 70만 원 이상을 썼다면 3만 원, 100만 원 이상을 썼다면 4만 원의 할인 혜택을 받을 수 있네요.

2

1만 원 연회비로
한 달 4만 원 벌기?!

특히 카드사에서 카드를 홍보하거나 은행원들이 카드를 설명할 때에는 최대 혜택, 가장 매력적인 서비스를 강조합니다. 앞에서 살펴본 카드의 경우에는 전월 실적과 통합할인 한도가 최대일 때 받을 수 있는 '4만 원 할인'을 강조하겠죠. 하지만 4만 원 할인을 받기 위해서는 전월에 100만 원 이상이란 사용 실적을 충족해야 합니다.

현실적으로 내가 달마다 100만 원 이상을 카드로 지출하지 않는다면, 나에게 4만 원 할인은 아무 의미가 없습니다. 카드를 선택하기 전에 해당 카드로 사용해야 할 가장 낮은 전월 실적의 벽을 넘을 수 있을지 없을지를 먼저 판단해 보세요. 그 금액이 내 소비 생활 패턴과 맞는지도 살펴야 합니다.

유리하게 신용카드 불리할 땐 체크카드

▶ 소비 패턴 파악하기
▶ 전략적 카드 고르기

 "돈을 모으기 위해서는 신용카드를 잘라라!"

재테크에 성공하기 위해 반드시 따라야 하는 법칙이라고들 이야기하죠. 하지만 저는 절대 그렇게 생각하지 않습니다. 저뿐만 아니라 대다수의 재테크 전문가들도 아마 이 말에 동의하지 않을 겁니다.

체크카드와 신용카드를 적절한 비율로 '함께' 사용하면 진짜 현명한 소비가 가능해집니다. 내 소비 패턴을 파악해 적재적소에 체크카드와 신용카드를 활용하면 페이백이나 마일리지, 할인 등을 보다 많이 받을 수 있습니다.

1 신용카드 VS 체크카드

✅ 여신 가능 여부

신용카드와 체크카드의 가장 큰 차이점은 대금 지불 방식일 겁니다. 즉, '여신' 가능 여부인데요. 여신이란 쉽게 얘기해서 대출입니다. 신용카드는 카드 사용 대금을 그다음 달 결제일에 카드사에 지불하죠. 카드를 쓴 날부터 결제일까지 카드사로부터 사용 금액을 빌리는 개념입니다.

반면 체크카드는 통장에 예치돼 있는 금액만큼 사용할 수 있습니다. 카드를 사용하는 즉시 통장에 있는 돈이 인출됩니다. 반대로 통장에 돈이 없다면 체크카드로 결제하려고 해도 승인이 거부되죠. 이 때문에 '체크카드는 과소비를 막는다'라는 개념이 정착된 겁니다.

✅ 연회비

'연회비'도 신용카드와 체크카드를 구분 짓는 중요한 요소입니다. 체크카드는 '신용'을 바탕으로 심사를 거쳐서 발급하는 신용카드와 달리, 은행 지점에서 즉시 발급이 가능합니다. 미성년자도 발급받을 수 있죠. 신용카드는 유상발급을 원칙으로 하고 아무리 적은 금액이라도 연회비가 부과됩니다. 혜택에 따라서 적게는 1만 원이 넘지 않는 금액이, 많게는 100만 원이 넘는 금액이 되기도 합니다.

아주 드물기는 하지만 체크카드도 10만 원을 초과하는 연회비가 부과되는 경우가 있는데, 항공권 1+1 혜택 등 프리미엄 카드로 분류된 체크카드에만 적용되는 특이한 경우입니다.

계획적인 사람은 신용카드

신용카드는 '계획적인 소비가 가능한 사람'에게 적합합니다. 신용카드가 체크카드에 비해서 혜택이 우수한 것은 모두가 인정하는 사실이지만, 다음 달의 나에게 부담을 미룰 수 있음을 맹신한 채 분별 없이 소비한다면 계좌에는 돌이킬 수 없는 구멍이 생길 겁니다.

평소 가계부를 착실하게 작성하고, 틈틈이 카드사 앱으로 사용 현황을 확인해 가며 지출을 통제할 수 있는 사람이라면 신용카드가 일상에 이윤을 남겨주는 존재가 될 수 있습니다. 특히, 오로지 신용카드만 가능한 매력적인 기능들을 무시할 수 없으니까요.

✓ 할부 결제

신용카드는 여러 달에 걸쳐서 결제할 수 있는 '할부 결제'가 가능합니다. 특히 한꺼번에 결제하기 부담스러운 고액을 지출해야 할 경우에는 할부 결제가 빛을 발합니다. 무이자 할부가 적용될 때에는 이자 걱정도 없기 때문에 적절하게 사용한다면 오히려 주머니 사정을 건강하게 유지할 수 있습니다.

특히 할부 결제는 몇 개월로 나누냐에 따라서 수수료율이 달라지는데요. 많은 분이 금액이 큰 건을 결제할 때 6개월 할부를 애용하시죠. 이제부터는 5개월 할부로 결제하는 것을 추천합니다.

할부 수수료율은 일반적으로 2개월, 3~5개월, 6~12개월처럼 구간별로 나뉘어 있습니다. 따라서 5개월과 6개월 단 한 달 차이로 금액이 달라질 수 있다는 점, 유의하세요. 물론 무이자 할부일 때는 무관합니다.

할부 수수료율					
구분	2개월	3~5개월	6~12개월	13~18개월	19~36개월
수수료율	10.9%~15.5%	14.5%~19.0%	16.5%~19.5%	17.0%~19.5%	18.0%~19.5%

✅ 할부 항변권

경우에 따라서는 신용카드 결제가 '안전성'을 보장받는 방법이 되기도 합니다. 이미 결제를 했는데 계약 기간이 남아 있는 사우나, 헬스장 등이 폐업했다면, 신용카드 할부 항변권을 활용해서 일부 금액을 보상받을 수도 있습니다. 일상에서 빈번하게 발생하는 사례죠. 혹시 수개월 분을 한꺼번에 결제해야 하는 회원권이라면 신용카드로 결제하는 것도 좋은 방어책이 될 수 있습니다.

✓ 더치페이

친구들과 식사를 하고 나서 금액을 분담하기로 한 경우, 아직도 번거롭게 한 사람이 현금을 받거나 이체를 받고 계시진 않죠? 신용카드가 있다면 그럴 필요가 없습니다. 일부 카드사에서는 더치페이 기능을 제공하고 있습니다. 카드사 앱을 활용하면 쉽게 접근이 가능합니다.

희애 씨가 식당에서 친구들과 식사를 하고나서 대표로 신용카드로 전액을 결제합니다. 그다음 카드사 앱으로 다른 결제자에게 문자나 카카오톡으로 결제 요청 링크를 보내면 다른 친구들이 해당 링크에 접속해서 결제를 하는 방식입니다. 특히 일일이 금액을 계산해서 요청하지 않아도, 자동으로 인원에 따라 금액이 계산되어 청구된다는 점이 굉장히 편리하죠.

이외에도 카드사는 연회비가 없는 체크카드보다는 연회비가 부과되는 신용카드를 중심으로 문화생활, 교육 등 다양한 혜택을 제공하고 있기 때문에 '절제'가 가능하다면 신용카드는 분명 독보다는 '득'에 가깝다고 볼 수 있습니다.

3 과소비하는 당신에겐 체크카드

반면 소비 욕구를 통제하기 어렵다면 체크카드 사용을 추천합니다. 충동 구매한 전적이 있고, 귀찮아서 가계부도 작성하지 않는 사람에게 신용카드는 독이 될 수 있습니다. 체크카드는 통장에 예치금이 없으면 결제가 되지 않으니 돈이 없으면 강제 절약을 할 수밖에 없습니다. 특히 체크카드 잔액 통보 서비스를 활용하면 내 통장의 잔액이 얼마인지 실시간으로 확인할 수 있기 때문에, 소비 절제가 어려운 사람에게는 스스로 채찍질할 수 있는 수단이 되어주죠.

체크카드를 사용해야 하는 대표 유형이 바로 '사회초년생'입니다. 소소한 용돈으로 채워져 있던 통장에 갑자기 월급이 입금되면, 이들의 머릿속에는 한 가지 생각밖에 들지 않죠. '뭐 사지? 어디에 쓰지?'

아직 소비 습관이 굳어지지 않은 상태에서는 짧게는 3개월, 길게는 6개월 정도 체크카드를 사용하며 절제하는 습관을 길러봅시다. 단, 급여 통장이 아닌 별도의 통장을 체크카드와 연결해 한정된 금액만 사용합니다. 이렇게 체크카드 사용으로 만들어진 절제 습관은 훗날 신용카드를 사용하더라도 똑똑한 소비를 할 수 있게 만들어 줄 겁니다.

하이브리드 카드

신용카드와 체크카드 중 어떤 카드가 내 소비 패턴에 적합한지 아직도 잘 모르겠다면, 신용카드와 체크카드 기능이 합쳐진 '하이브리드 카드' 사용을 추천합니다. 하이브리드 카드는 체크카드 기반과 신용카드 기반으로 나눌 수 있는데요. 여기서 추천하는 하이브리드 카드는 '체크카드 기반 하이브리드 카드'입니다.

체크카드 기반 하이브리드 카드는 일반 체크카드처럼 사용하다가 통장 잔액이 바닥나면 그때부터는 신용카드처럼 여신 기능을 이용할 수 있는 카드입니다. 신용카드 기반 하이브리드 카드는 일반 신용카드처럼 이용하되, 본인이 설정한 금액 이하에서는 체크카드처럼 통장에서 돈이 바로 인출되도록 하는 방식입니다.

체크카드를 사용하면서 신용카드로 넘어가고 싶은 마음이 슬금슬금 생긴다면, 신용카드 기능을 일부 활용해 봅시다. '내가 결제 금액을 이월시키지 않고 잘 결제를 하는가', '신용카드 기능이 있어도 절제하면서 사용할 수 있는가' 등 스스로 체크해 보는 겁니다.

2DAYS PROJECT

카드 쪼개기

▶ 메인카드, 서브카드 이해하기
▶ 카드 나눠서 활용하기

여러분은 혹시 '카드 쪼개기'라는 말을 들어보셨나요? 우리나라에서 경제 활동을 하는 성인 1명이 사용하는 신용카드는 약 4장 정도라고 합니다. 생각보다 많죠? 아마 본인의 생활 패턴에 맞게, 목적에 따라서 다양한 카드를 사용하고 있기 때문일 텐데요.

굳이 카드 쪼개기라고 표현하지 않더라도 여러 카드를 적재적소에 활용하고 계신 분들이 많으실 겁니다. 여러분의 지갑 속에 가득 꽂힌 그 카드, 각각 어떤 용도인가요?

1 카드 쪼개기?

통장 쪼개기와 마찬가지로 카드 쪼개기도 빈틈없는 소비를 위해 활용할 수 있는 재테크 방법입니다. 카드 대부분이 전월 실적에 따라서 통합할인 한도가 정해져 있기 때문에, 한 달 동안 할인받을 수 있는 금액도 한정적입니다. 카드 쪼개기로 용도에 맞게 카드를 여러 장 사용해서 한정된 할인 폭을 넓히는 거죠.

카드 쪼개기는 메인카드 1장과 그외 서브카드로 분류합니다. 보통 카드 쪼개기로 적게는 2장, 많게는 10장이 넘는 카드를 활용하는데, 카드가 지나치게 많으면 용도가 헷갈릴 수 있습니다. 연회비가 발생하는 신용카드를 여러 장 발급받아 제대로 활용하지 못할 바에는, 메인카드와 서브카드 각각 1장씩만 활용해서 각 용도에 맞게 소비하는 것이 좋습니다.

메인카드는 생활비 대부분을 결제하는 용도의 카드입니다. 본인의 소비 패턴과 가장 잘 맞는 카드를 선택하는 것이 중요하죠. 메인카드는 '100여 개의 가맹점에서 무조건 1% 할인'처럼 넓고 얕은 혜택보다는 주로 이용하는 가맹점 혜택이 좋은 카드로 선택합니다.

예를 들어봅시다. 온라인 쇼핑을 즐기는 희애 씨는 어떤 카드를 메인으로 쓰는 게 좋을까요? 아마 온·오프라인 통합할인 한도가 부여된 카드보다는 온라인 쇼핑에 집중하여 할인 혜택을 주는 카드가 더 적합하겠죠. 따라서 메인카드는 "그 카드 요즘 많이 쓴다더라!" 등의 대중적인 분위기에 휩쓸려 고를 것이 아니라, 본인의 소비 패턴을 명확하게 파악하여 결정하는 것이 좋습니다.

 현대백화점을 주로 이용하는 희애 씨에게 메인카드로 적합한 카드는?

A: 신세계백화점, 롯데백화점, 현대백화점에서 최대 3% 할인 혜택
B: 현대백화점에서 최대 10% 할인 혜택

정답: B

3 서브카드?

서브카드 조건

✔ 전월 실적이 없거나 낮은 카드
✔ 다양한 가맹점에서 혜택을 받을 수 있는 카드
✔ 연회비가 낮은 카드

반면 서브카드는 메인카드에 비해서 사용 금액이 크지 않기 때문에 전월 실적의 부담이 없고, 두루두루 혜택을 받을 수 있는 것이어야 합니다. 이미 메인카드로 상당한 금액을 지출했는데 서브카드의 전월 실적을 맞추기 위해 과소비를 한다면, 카드 쪼개기를 하는 의미가 없겠죠.

따라서 서브카드는 전월 실적이 없더라도 혜택을 제공하는 카드를 선택하는 것이 현명합니다. 특히 이런 카드는 대부분 할인 한도가 무제한인 경우가 많아 의외로 많은 혜택을 받을 수 있습니다. 물론 연회비 부담도 적어야 합니다. 전월 실적은 없지만 서브카드 연회비가 10만 원이 넘는다면, 그만큼의 혜택을 누리기 위해 과소비를 하게 되겠죠. 특히 첫 해에는 연회비 감면 이벤트를 하는 경우가 많은데, 이후부터는 결국 본인이 부담해야 하므로 처음부터 잘 고려해야 합니다.

카드 쪼개기 실천 사례

한 달 평균 40만 원을 소비하는 희애 씨. 희애 씨가 메인카드로 사용하고 있는 A카드는 전월 실적 30만 원에 통합할인 한도 2만 원의 혜택을 받을 수 있는 카드입니다. 희애 씨가 주로 이용하는 스타벅스에서 20%씩 할인이 적용되다 보니, 2만 원 할인 혜택은 며칠 되지 않아 모두 받았습니다. 따라서 30만 원을 초과하는 금액, 10만 원에 대해서는 아무런 혜택을 받지 못하고 있었죠.

그래서 희애 씨는 서브카드 B를 활용하기로 했습니다. 카드 앱으로 수시로 확인하며 메인카드 사용액이 30만 원을 초과하면, 그때부터는 월말까지 서브카드를 사용하죠. 서브카드는 연회비도 1만 원밖에 되지 않아 전월 실적 관계없이 대부분의 가맹점에서 사용 금액 1%를 돌려받을 수 있으니 꽤 쏠쏠합니다.

카드 쪼개기를 하기 전에는 같은 40만 원을 소비해도 한 달 동안 최대 2만 원 혜택을 받을 수 있었습니다. 하지만 서브카드 활용으로 적게는 1천 원 또는 사용 금액에 따라서 그 이상의 혜택을 받을 수 있게 됐네요!

카드와의 궁합 보기

▶ 카드 피킹률 계산하기

세상에는 정말 많은 카드가 존재합니다. 크게는 신용카드와 체크카드로 나눌 수 있고, 혜택이 어떻게 적용되느냐에 따라 할인형, 포인트형 카드로 나뉩니다. 카드사의 종류도 굉장히 많죠.

제가 지금 이 글을 쓰는 오늘도, 여러분이 책을 읽고 있을 지금도 새로운 카드가 출시되고 있습니다. 그만큼 카드 메뉴판에는 입맛대로 골라 먹을 수 있는 선택지가 무궁무진합니다.

이 수많은 카드 중 여러분이 사용하는 카드는 무엇인가요? 그 카드를 선택한 이유는 무엇인가요? 연회비 그 이상의 혜택을 쏠쏠하게 누리고 계신가요?

1 카드 피킹률이란?

우리가 연초에 세운 계획들을 수시로 점검하며 더 나은 방향으로 갈 수 있도록 노력하듯, 카드도 가입 후에 수시로 점검이 필요합니다. 내가 쓰고 있는 카드가 나에게 찰떡궁합인지, 연회비 대비 쏠쏠한 혜택을 누리고 있는지를 보여주는 것이 바로 '카드 피킹률'입니다.

카드 피킹률은 해당 카드의 연회비와 평균적으로 월별 사용하는 금액, 혜택받고 있는 금액을 활용하여 일정 결과값을 도출하는 공식인데요. 카드 피킹률의 결과가 얼마인가에 따라 나의 카드생활을 깊게 고찰해 볼 수 있습니다. 1년에 최소 2번 정도 정기적으로 보유하고 있는 카드의 카드 피킹률을 계산하여 다른 카드로 갈아탈지 혹은 유지할지를 선택하세요. 카드 시장에서 '구관이 명관'이라는 말은 통하지 않으니까요.

2 카드 피킹률 계산법

계산법은 굉장히 간단합니다. 월 평균 혜택금액에서 연회비를 12로 나눈 값을 빼주고, 이 값을 월 평균 총 사용금액으로 나누면 됩니다. 이 값을 아래의 표처럼 피킹률 구간에 따라 나누어서 볼 수 있습니다.

피킹률 계산법

$$\frac{\text{월 평균 혜택 금액} - (\text{연회비} \div 12)}{\text{월 평균 총 사용 금액}}$$

피킹률	결과
1% 미만	묻지도 따지지도 말고 해지하세요!
1~2%	그 카드, 설마 전월 실적이 있는 건 아니죠?
3~5%	카드 고르는 안목이 있으시네요!
5% 초과	슬기로운 카드생활을 하고 계시네요!

이에 따른 값은 1% 미만, 1~2%, 3~5%, 5% 초과로 분류되고, 각각의 결과에 따라 카드 사용을 유지할지 혹은 해지하고 더 좋은 혜택을 갖고

있는 카드를 선택할지 결정하면 되는데요. 일반적으로 카드 피킹률이 1%
미만이라면 이유 불문하고 미련 없이 해지하시면 됩니다. 5% 초과라면
'슬기로운 카드생활'을 하고 계시다고 할 수 있습니다. 이 중간 값이 애매
한데요. 장·단점은 다들 조금씩 다를 수 있습니다.

다만 결괏값이 1~2%라면 '전월 실적'이 없는지, 나의 라이프 패턴
과 잘 맞는지 이 두 가지 기준을 반드시 고려하길 바랍니다. 피킹률이
1~2%라면 혜택이 쏠쏠하다고 말하기도 애매한데요. 여기에 전월 실적
까지 충족시켜야 한다면 다른 카드에서 더 나은 혜택을 충분히 누릴 수
있는 기회를 놓치고 있을 확률이 큽니다.

A카드로 월 평균 40만 원을 사용하는 희애 씨. 달마다 받는 혜택은 **1만 원** 정도, 연회비는 3만 원입니다. 희애 씨는 이 카드를 계속 이용해도 될까요?

앞서 배운 공식에 위의 예시를 적용해 보겠습니다. 월 평균 사용 금액은 40만 원, 매달 혜택을 받는 평균 금액은 1만 원, 연회비는 3만 원이었죠. 혜택 금액 1만 원에서 연회비의 1/12인 2천 500원을 빼면 7천 500원. 이 값을 40만 원으로 나누면? 희애 씨가 사용하는 A카드의 피킹률은 1~2%로 계산됩니다. 앞서 '전월 실적이 없을 때' 유지하라고 추천드렸지만, 연회비 3만 원이 혜택보다 크므로 해지하는 것이 더 나아 보입니다.

단, 피킹률 수치가 낮다고 해서 무조건적으로 카드를 해지하기보다는 이 카드에서 내가 얻고 있는 혜택이 무엇인지, 혹시 1년에 한 번이라도 큰 규모로 누리고 있는 바우처가 있지는 않은지 다각도에서 따져보는 것이 좋습니다.

이처럼 정기적으로 카드 피킹률 수치를 계산하여 카드를 정리하는 것은 생각보다 큰 도움이 됩니다. 나이가 들고 주변 상황이 바뀌게 되면 소비 습관이나 규모 등이 달라지게 마련인데, 기존에 쓰던 카드를 고집하는 것이 오히려 아둔한 금융생활에 빠지는 지름길이 될 수 있으니까요. 여러분의 지갑 속 카드의 피킹률은 얼마인가요? 혹시 1% 미만의 카드가 자리를 차지하고 있지는 않은가요?

연회비,
대체 왜 내는 거야?

▶ 신용카드 연회비 정복하기

신용카드를 사용하는 사람에게 한해 카드사에서는 1년에 한 번, 연회비를 내라고 청구합니다. 연회비의 금액에 따라 신용카드로 누릴 수 있는 혜택의 규모 역시 달라지기 때문에, 해당 카드의 연회비가 얼마인가는 카드 선택에서 중요한 요소입니다.

그렇다면 신용카드의 연회비는 대체 왜 내야 하는 걸까요? 여러분은 연회비에 관해 어떤 기준을 갖고 계시나요?

연회비의 종류

카드 설명서 뒷면을 보면 연회비 금액이 기재돼 있고 '기본 연회비'와 '제휴 연회비'가 따로 적혀 있는 경우가 있죠. 기본 연회비는 카드를 발급하면 발생하는 카드사의 회원 관리 비용을 충당하기 위해서 부과하는 비용입니다.

카드사마다 규정은 조금씩 상이하지만, 일반적으로 기본 연회비는 회

▲ 삼성카드 설명서 부분 캡처 화면

원별로 부과됩니다. 가령 A카드사에서 신용카드 3장을 이용하고 있더라도 1회만 청구되는 것이죠.

제휴 연회비는 신용카드로 이용할 수 있는 부가 서비스를 이용하기 위해서 부과되는 비용입니다. 항공사 티켓 1+1 혜택을 받을 수 있는 신용카드라면, 제휴 연회비는 이 혜택을 누리기 위해서 청구되는 비용인 거죠. 따라서 연회비가 10만 원 이상인 카드들은 이 같은 부가 서비스가 소위 말하는 프리미엄 서비스일 확률이 높습니다.

2 나에게 맞는 연회비 금액은?

　　　　카드 연회비는 본인의 소비 규모와 생활 패턴에 맞게 정하는 것이 좋습니다. 사람마다 사용하는 카드와 금액이 다르니, 연회비가 저렴한 카드를 쓴다고 해도 현명한 소비자가 아닐 수 있고, 연회비가 높은 카드를 쓴다고 해도 과소비하는 소비자라고 판단할 수 없죠. 카드 글로벌 브랜드 중 사람들이 많이 이용하고 있는 마스터카드를 예로 들어보겠습니다. 사회초년생이라고 해서 무조건 연회비가 낮은 스탠다드나 골드로 해야 할까요? 아니죠. 소비 패턴을 살펴봐야 합니다.

　가령 여행을 자주 다녀서 호텔, 공항, 면세점 이용 빈도가 높은 사람이라면 오히려 프리미엄 등급 카드를 선택해 공항 마일리지, 면세점 할인 등의 혜택을 누리는 편이 쏠쏠할 겁니다. 여러 분야에서 소비 규모가 큰 경우에도 '티타늄' 등급 정도의 카드를 선택하면, 같은 금액을 사용해도 할인이나 포인트 적립 비율 등을 높게 적용받을 수 있습니다.

　특히 연회비가 비교적 비싼 프리미엄급 카드는 연회비에 상응하는 '바우처'를 제공하는 경우가 많습니다. 몇 년 전 단종된 KB국민카드의 로블 카드는 연회비가 30만 원으로 자칫 부담스러운 비용일 수 있지만, '항공권 1+1', '호텔 등 여행 관련 20만 원 바우처', '뮤지컬 등 공연 관람 10만 원 바우처' 등 다양한 바우처 혜택으로 2030 직장인들에게도 큰 사랑을 받았습니다.

이처럼 매력적인 바우처 혜택을 제공하는 카드는 내가 해마다 모두 이용할 수 있는지를 현실적으로 고려해 발급받는 것이 좋습니다. 단편적으로 '연회비 대비 혜택이 좋다'라는 것만 믿고 발급받는다면, 결국 비싼 연회비는 공중분해되고 혜택들은 빛 좋은 개살구가 될 수 있으니까요.

3 연회비 FAQ

✅ 카드를 사용해 보니 저와 잘 맞지 않아요! 해지하면 연회비가 날아가나요?

카드 유효기간이 만료되기 전에는 카드를 중도해지하거나 탈회해도 연회비를 돌려받을 수 있습니다. 단, 연회비 전액을 돌려받을 수 있는 것은 아닙니다. 부가 서비스 사용 여부, 기본 서비스 이용 금액 등 여러 요소를 고려해 연회비를 일할 계산한 뒤 정산 받을 수 있습니다.

✅ 카드를 발급받고 나서 1년 동안 한 번도 사용하지 않았는데, 연회비를 또 내야 하나요?

연회비 청구 시점을 기준으로, 직전 1년 동안 이용 실적이 아예 없었다면 연회비는 청구되지 않습니다. 그러나 발급 첫 해에는 금융감독원의 지침에 따라 이용 여부에 관계없이 연회비가 청구됩니다. 따라서 카드 발급 후 사용 등록이 된 카드의 첫 해엔 '무조건' 연회비가 청구됩니다.

☑ 카드 유효기간이 만료되어 다시 발급받으면 연회비는 어떻게 되나요?

유효기간이 만료되어 다시 발급받는 경우에는 카드 최초 발급일을 그대로 따르게 됩니다. 해당 연도의 연회비를 납부한 지 1년이 지나지 않았다면 추가로 연회비를 납부할 필요는 없습니다. 단, 발급 일자가 얼마 남지 않았다면 연회비를 새로 납부하게 됩니다.

카드 결제일의 정석

▶ 결제일 혜택 이해하기
▶ 나에게 맞는 결제일 찾기

은행에서 근무하기 전에는 통신요금이 할인되는 신용카드 1장과 생활 패턴에 맞는 신용카드 1장, 총 2장을 사용하고 있었는데요. 통신요금이 할인되는 카드는 전월 실적 30만 원을 충족해야 할인되는 조건이 있어서 나름 가계부를 꼼꼼하게 작성하며 소비했습니다.

그런데 그다음 달에 받아본 카드명세서에는 그 어디에도 통신요금 할인 내역이 기재돼 있지 않았습니다. 분명 카드사의 실수라 자신하며 콜센터에 전화를 걸었으나, 결과는 망연자실이었죠. 전월 실적의 '전월' 개념이 곧, 제가 직전에 사용한 카드 이용 기간이라고 착각을 한 탓에 전산상으로는 전월 실적을 충족하지 못했던 겁니다. 그래서 지금은 모든 신용카드 결제일을 14일 혹은 15일로 설정해두고 사용 중인데요. 여러분의 결제일은 며칠인가요? 결제일, 잘 활용하고 계신가요?

결제일,
왜 14일이 최고야?

대체로 사람들은 급여일 혹은 그다음 날을 카드 결제일로 설정합니다. 은행 창구에서 만난 고객 중 상당수가 21일에서 25일 사이를 카드 결제일로 설정해 놓으셨더라고요.

그 이유는 아마 자금이 비교적 여유로울 때가 월급이 들어온 직후이기 때문일 겁니다. 하지만 '신용공여기간'의 개념을 파악하면, 14일을 결제일로 지정하는 것이 가장 합리적 선택이라는 걸 알 수 있습니다.

☑ 신용공여기간?

신용공여기간은 쉽게 말해서 카드 이용 기간입니다. 우리가 신용카드로 물건을 구입한 날부터 해당 대금을 결제하는 날까지의 기간을 뜻하죠. 이어지는 표를 보면 많은 분이 선택하는 결제일 25일은, 전월 12일에서 당월 11일까지의 사용 금액을 결제한다는 것을 알 수 있죠. 반면 결제일을 14일로 설정했을 때는 전월 1일부터 전월 말일까지의 사용 금액을 결제하므로 신용공여기간을 한눈에 파악하기에 용이합니다.

우리카드	⬤우리카드	

| 결제일자 | 이용기간 | |
	일시불/할부	현금서비스
1일	전전월 18일 ~ 전월 17일	전전월 3일 ~ 전월 2일
2일	전전월 19일 ~ 전월 18일	전전월 4일 ~ 전월 3일
3일	전전월 20일 ~ 전월 19일	전전월 5일 ~ 전월 4일
4일	전전월 21일 ~ 전월 20일	전전월 6일 ~ 전월 5일
5일	전전월 22일 ~ 전월 21일	전전월 7일 ~ 전월 6일
6일	전전월 23일 ~ 전월 22일	전전월 8일 ~ 전월 7일
7일	전전월 24일 ~ 전월 23일	전전월 9일 ~ 전월 8일
8일	전전월 25일 ~ 전월 24일	전전월 10일 ~ 전월 9일
9일	전전월 26일 ~ 전월 25일	전전월 11일 ~ 전월 10일
10일	전전월 27일 ~ 전월 26일	전전월 12일 ~ 전월 11일
11일	전전월 28일 ~ 전월 27일	전전월 13일 ~ 전월 12일
12일	전전월 29일 ~ 전월 28일	전전월 14일 ~ 전월 13일
13일	전전월 30일 ~ 전월 29일	전전월 15일 ~ 전월 14일
14일	전월 1일 ~ 전월 말일	전전월 16일 ~ 전월 15일
15일	전월 2일 ~ 당월 1일	전전월 17일 ~ 전월 16일
16일	전월 3일 ~ 당월 2일	전전월 18일 ~ 전월 17일
17일	전월 4일 ~ 당월 3일	전전월 19일 ~ 전월 18일
18일	전월 5일 ~ 당월 4일	전전월 20일 ~ 전월 19일
19일	전월 6일 ~ 당월 5일	전전월 21일 ~ 전월 20일
20일	전월 7일 ~ 당월 6일	전전월 22일 ~ 전월 21일
21일	전월 8일 ~ 당월 7일	전전월 23일 ~ 전월 22일
22일	전월 9일 ~ 당월 8일	전전월 24일 ~ 전월 23일
23일	전월 10일 ~ 당월 9일	전전월 25일 ~ 전월 24일
24일	전월 11일 ~ 당월 10일	전전월 26일 ~ 전월 25일
25일	전월 12일 ~ 당월 11일	전전월 27일 ~ 전월 26일
26일	전월13일 ~ 당월 12일	전전월 28일 ~ 전월 27일
27일	전월14일 ~ 당월 13일	전전월 29일 ~ 전월 28일

▲ 우리카드 신용공여기간 안내 화면

2 14일 결제일의 장점

☑ 전월 실적 파악 용이

카드사에서 할인 혜택이나 포인트 적립을 위해 조건으로 두는 '전월 이용 실적'은 전월 1일부터 전월 말일까지 사용한 실적을 의미합니다. 카드 혜택을 챙기기 위해서는 전월 이용 실적 파악이 필수인데, 이때 카드 결제일을 14일로 설정해 놓으면 신용공여기간 역시 동일한 날짜로 설정돼 사용 금액을 파악하기가 매우 쉽습니다.

과거에 제가 카드 전월 이용 실적을 충족하지 못해 할인을 받지 못한 것 역시, 전월 이용 실적 적용 기간과 신용공여기간의 불일치로 전월 이용 실적을 착각했기 때문이었습니다.

☑ 월별 사용 금액 파악 용이

재테크의 기본은 가계부 작성입니다. 가계부를 작성하는 목적은 우리의 수입과 지출을 명확하게 파악하기 위해서죠. 카드 결제일을 14일로 설정하면 월별 사용 금액을 더 쉽게 파악할 수 있습니다.

신용공여기간이 전달 1일부터 말일이기 때문에 14일로 설정할 경우 카드명세서의 내역과 전달 카드 소비액이 정확하게 일치하게 됩니다. 반면 카드 결제일을 1일부터 13일 사이로 설정하게 되면, 전전달 카드 사용 대금을 결제하게 되므로 지출을 파악하기가 쉽지 않습니다.

3 결제일 설정 시 주의할 점

　　　　주의할 것은 카드사마다 결제일에 따른 신용공여기간이 조금씩 상이하다는 것입니다. 가장 많은 카드사가 전월 1일부터 말일을 신용공여기간으로 설정하고 있는 날짜가 14일이기에 추천드리지만, 각 카드사별 결제일은 아래의 표를 참고하시면 됩니다.

　단, 여러 개의 카드사를 이용하고 있다면 카드 결제일이 조금씩 다르기 때문에 결제 대금을 연체하기 쉽습니다. 결제일이 하루, 이틀 정도의 차이라면 더욱 착각하기 쉬우므로, 카드 결제일을 철저히 관리해 우리의 신용도를 갉아먹는 주범인 연체를 주의합시다.

신용카드 결제일 언제로 설정하는 게 좋을까?

롯데카드	14일	삼성카드	13일, 14일
신한카드	14일	씨티카드	12일, 13일
우리카드	14일	하나카드	13일
현대카드	12일	IBK기업은행	15일
KB국민카드	14일	NH농협카드	14일

카드 포인트 몽땅 소진하기

▶ 포인트 활용법 확인하기

"포인트형으로 하시겠어요? 할인형으로 하시겠어요?"

제가 은행에서 근무했을 때 고객에게 수도 없이 던졌던 질문입니다. 고객들의 대답 90% 이상은 '할인형'이었습니다. 포인트를 막상 잔뜩 쌓아놨는데 어떻게 활용해야 할지 몰라 그냥 소진된 적이 한두 번이 아니라고 말씀하시더라고요.

실제 통계를 살펴보면, 매해 1천억 원이라는 상상도 할 수 없는 큰돈이 사용하지 않은 포인트로 공중분해된다고 합니다. 어쩌면 이 책을 읽는 여러분도 이 어마어마한 금액에 일조하셨을 수 있겠네요. 방법을 알고 나면 현금보다 편하게 쓸 수 있는 게 카드 포인트입니다. 제대로 활용하는 법에 관해 지금부터 알아볼까요?

카드 통합 조회 서비스

　　카드 포인트를 '잘' 사용할 수 있는 방법을 알아보기 전에, 우리 각자의 지갑에서 얼마나 많은 현금이 포인트의 탈을 쓴 채 잠을 청하고 있는지 들여다보겠습니다. 여신금융협회의 '카드 포인트 통합조회 서비스'에 접속하면, 우리가 사용하는 카드 포인트를 한꺼번에 조회할 수 있습니다.

　'통합 조회' 메뉴에서 카드 인증 혹은 아이핀 인증을 통해 조회가 가능한데요. 몇 달 전, 이 정보를 〈개념 있는 희애 씨〉 유튜브 채널에 공유했

▲ 여신금융협회 캡처 화면

을 때 한 구독자께서 잠자고 있던 10만 포인트를 찾게 됐다며 감사 인사를 전해오기도 하셨답니다.

일단, 책을 잠시 덮고 여러분도 조회 서비스에 접속해 보세요. 혹시 아나요? 보물찾기에 성공하듯, 여러분의 지갑 속 10만 포인트를 발견하게 될지도 모를 일이죠.

2 카드 포인트 '잘' 사용하는 법

✓ 카드 포인트 현금화

사실 아마 대부분의 사람이 이 방법을 가장 좋아하지 않을까 싶습니다. 카드 사용을 통해 야금야금 모은 포인트를 현금으로 환급받는 방법이

있습니다. 앱을 통해 신청하여 통장으로 이체받을 수도 있고, ATM을 활용해서 현금으로 인출할 수도 있는데요.

카드사 앱에 수시로 접속하여 포인트를 현금화할 때마다 하늘에서 돈이 뚝 떨어진 것 같은 행복을 느낄 수 있답니다. 방법도 그리 어렵지 않습니다.

제가 사용하고 있는 카드사 앱 중 하나를 예로 들어보겠습니다. 카드사마다 메뉴 이름은 조금씩 상이하지만, 대부분 어렵지 않게 찾으실 수 있습니다. 전체 메뉴에서 혜택 → 포인트 사

▲ KB국민카드 캡처 화면

용 → 현금캐시백 신청에 접속합니다. 실시간 결제 계좌 환급 기능을 이용해서 보유하고 있는 포인트를 현금으로 이체할 수 있습니다. 참 쉽죠?

☑ 카드 포인트로 세금 납부

사실 현금으로 받지 않더라도 현금처럼 사용할 수 있다면, 굳이 통장으로 이체하지 않아도 되겠죠. 대표적인 방법이 세금 납부에 사용하는 겁니다. 개인, 개인사업자, 법인 모두가 활용할 수 있고 세금 유형도 국세를 비롯해서 다양한 종류의 세금 납부가 가능하니 편리합니다. 카드 포인트를 활용한 세금 납부는 카드로택스에서 가능합니다.

카드 포인트가 납부할 금액보다 적을 경우 카드 포인트을 제외한 차액은 해당 카드로 결제하면 됩니다. 가령 납부할 세금이 3만 5천 원인데, 현

▲ 카드로택스 캡처 화면

재 보유하고 있는 포인트가 2천 포인트라면 차액인 3만 2천 원은 카드로 결제하면 되는 거죠.

✅ 온라인 결제 시 활용

온라인상에서 결제할 때 사용할 수도 있습니다. '포인트 사용을 왜 어렵게 생각하지?' 하는 의문이 들 만큼 굉장히 간단한 방법인데요. 온라인에서 카드로 결제할 때 두 눈을 크게 뜨고 살펴보면 '카드 포인트 사용'이라는 할인 수단 선택지가 있습니다. 여기에 체크해 주면, 우리가 보유하고 있는 포인트를 소진하고 난 나머지 금액만 결제하게 됩니다.

가령 결제할 금액이 2만 원이고 보유하고 있는 포인트가 1천 점이라면? 포인트 사용에 체크를 해주면 포인트가 자동 사용되고 차액인 1만 9천 원만 결제됩니다. 참 쉽죠?

3 카드 포인트 기부

카드 포인트를 꼭 나만을 위해서 쓰라는 법은 없죠? 차곡차곡 모은 포인트를 좋은 일에 활용할 수도 있습니다. 카드 포인트를 현금처럼 기부하는 방법입니다.

우리가 기부를 신청하면 카드사에서 포인트를 현금으로 기부처에 전

▲ 포인트파크 사이트 기부 캡처 화면

달하는 방식이기 때문에, 기부를 받는 입장에서도 두 팔 벌려 환영하곤 합니다. 카드 포인트 기부에도 여러 방법이 있지만, 그중 포인트파크 홈페이지를 활용하면 간편하게 진행할 수 있습니다.

포인트 사용 메뉴 → 기부 메뉴에 접속해 기부하고자 하는 기관을 선택하고, 본인 인증을 한 뒤에 기부하려는 금액을 입력하면 손쉽게 기부가 끝납니다. 특히 카드 포인트로 기부하는 내역은 연말정산에서 기부금으로도 인정받을 수 있으니 카드 포인트도 소진하고 어려운 사람들을 위해 기부도 하면서 연말정산에서 공제도 받는 일석삼조의 혜택을 누릴 수 있습니다.

추천받아도
가입하지 말자

▶ 리볼빙, 현금서비스, 카드론 이해하기

 "재테크의 'ㅈ'도 모르겠다면 먼저 은행원이 추천해 주는 상품을 가입해라!"

언뜻 보면 정답처럼 느껴질 수 있습니다. 무엇이든 모르는 문제는 전문가에게 조언을 구하는 것이 좋고, 재테크와 금융생활에 관한 것이라면 은행원이 전문가라고 할 수 있겠죠. 그러니 그들의 조언도 당연 신뢰할 수 있습니다.

은행원의 업무는 고객의 상황에 맞는 상품이나 서비스를 추천하는 것입니다. 그러니 응당 관련된 지식을 갖추고 있을 겁니다. 다만, 그의 입에서 나오는 모든 이야기가 나에게 이득이 되는가에 대해서는 꼼꼼히 따져야 할 문제입니다. 몸에 좋다는 홍삼이 모든 사람에게 유익한 것은 아니니까요.

1 카드 리볼빙

은행원의 사탕발림에도 흔들리지 말고 멀리해야 할 1순위는 '카드 리볼빙'입니다. 정식 명칭은 '일부결제금액 이월약정'이죠. 카드 결제 대금 중 설정해 둔 비율만큼만 상환하면 나머지 대금은 다음 달로 자동 이월되고, 정상적으로 사용이 가능한 서비스입니다.

즉 10월에 상환해야 되는 카드 결제 대금이 100만 원일 때 카드 리볼빙 비율을 50%로 설정해 뒀다면, 50만 원만 상환해도 정상적으로 카드 사용이 가능하고 나머지는 자동으로 다음 달 결제분에 합산되는 겁니다.

물론 자금 사정이 좋지 않아 일시적으로 활용하고 한두 달 뒤에 상환을 정상 범주로 돌린다면 문제 될 게 없지만, 카드 리볼빙의 늪에 빠지지 않도록 주의해야 합니다.

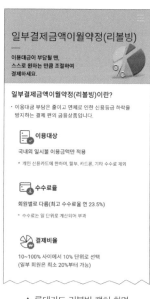

일부결제금액이월약정(리볼빙)

이용대금이 부담될 땐,
스스로 원하는 만큼 조절하여
결제하세요.

일부결제금액이월약정(리볼빙)이란?
· 이용대금 부담은 줄이고 연체로 인한 신용등급 하락을 방지하는 결제 편의 금융상품입니다.

이용대상
국내외 일시불 이용금액만 적용
* 개인 신용카드에 한하여, 할부, 카드론, 기타 수수료 제외

수수료율
회원별로 다름(최고 수수료율 연 23.5%)
* 수수료는 일 단위로 계산되어 부과

결제비율
10~100% 사이에서 10% 단위로 선택
(일부 회원은 최소 20%부터 가능)

▲ 롯데카드 리볼빙 캡처 화면

카드 리볼빙의 늪

✅ 높은 수수료율

리볼빙을 이용하면 높은 수수료를 부담해야 합니다. 리볼빙의 수수료는 일반적으로 '이월하는 금액 × 수수료율 × 이용일 ÷ 365'로 계산합니다. 이때 계산에 포함되는 수수료율이 최고 20%이기 때문에, 따져보면 실로 엄청난 금액을 수수료로 지불해야 하는 겁니다. 약 24% 선에서 책정되는 연체 이자율보다는 낮지만, 고작 1~2% 차이라 연체 이자율과 다를 바가 없습니다. 리볼빙을 계속 이용한다면 이 높은 수수료가 눈덩이처럼 불어나서 감당하기 힘든 금액이 될 겁니다.

리볼빙을 몇 달 동안 연속해서 사용하고 있다면 본인의 카드 소비 습관을 반드시 돌아봐야 합니다. '감당할 수 있는 선을 넘었다!', '지출 규모를 줄여야 한다!'는 적신호니까요.

✅ 신용도 하락

신용점수와 등급을 올리기 위해서는 카드 대금을 착실하게 결제하는 일이 굉장히 중요합니다. 그러나 리볼빙은 이와 완전히 반대편에 있는 서비스입니다. 신용평가사는 고객에게 리볼빙을 계속 이용한 이력이 있다면 '이 사람은 감당도 할 수 없는 소비를 계속하고 있네?!'라고 판단합니다. 그러니 당연히 신용도가 낮아질 수밖에 없겠죠.

✅ 카드 대금 이월 지옥

리볼빙은 결국 다음 달의 나에게 책임을 미루는 서비스입니다. 따라서 해당 채무를 빠르게 해결하지 않으면 계속 쌓이게 됩니다. 채무가 기하급수적으로 증가하는 주 원인이 될 수도 있습니다.

특히 리볼빙 서비스를 맹신한 채 과소비를 하는 소비자도 상당수 있다고 하니, 소비 습관이 온전히 자리 잡히지 않은 상태에서는 가급적 리볼빙을 멀리하는 것이 좋겠습니다.

카드 리볼빙과 쌍벽을 이룰 정도로 위험해 우리가 경계해야 할 대상이 두 가지 더 있습니다. 바로 현금서비스와 카드론입니다. 파산으로 치닫기 직전까지 현금서비스로 연명하다 결국 비참한 결과를 맞이하는 사람들의 사례를 심심치 않게 보셨을 텐데요. 이들의 정식 명칭은 '단기 카드대출'과 '장기 카드대출'입니다. 단어만 봐도 이 서비스의 본질이 '대출'이라는 것을 알 수 있습니다. 차이라면, 대출을 받을 수 있는 한도와 상환 기간 정도죠.

현금서비스는 적은 돈을 단기간에 걸쳐서 갚는 방식입니다. 다가오는 결제일에 대출 금액을 일체 상환해야 하기 때문에 상환 기간은 1개월 정도라고 볼 수 있죠.

카드론은 현금서비스에 비해서 큰 금액을 장기간 동안 갚아가는 방식입니다. 카드론은 비교적 오랜 기간에 걸쳐서 상환하는 방식이기 때문에 대출을 받을 때 상환 기간을 설정할 수 있고, 상환 방식에 따라 지정한 개월만큼 나눠서 상환하면 됩니다. 다만 현금서비스와 카드론 모두가 공통으로 가진 단점은 명확합니다.

☑ 높은 이자

리볼빙의 수수료와 마찬가지 개념입니다. 현금서비스와 카드론 모두 이자 모두 굉장히 높은 편입니다. 따라서 진짜 급전이 필요할 때는 현금서비스나 카드론을 이용할 것이 아니라, 제1금융권 은행에서 비대면으로 간편하게 신청할 수 있는 대출 상품을 이용하는 편이 금리 측면에서 훨씬 유리합니다.

☑ 신용점수 하락

현금서비스와 카드론을 여러 번 이용하면 신용평가사는 '혹시 이 사람이 은행에서는 대출을 받을 수 없는 상황이라 이를 통해 돈을 빌리는 건 아닌가?'라는 합리적인 의심을 하기 시작합니다.

두 서비스 모두 카드 사용에 문제가 없었다면 특별히 어려운 절차를 거치지 않고도 이용할 수 있기 때문에, 비교적 복잡하고 힘든 절차를 거쳐야 하는 제1금융권 은행에서 이미 퇴짜를 맞았을 수 있겠다 추측하는 거죠. 따라서 현금서비스와 카드론을 여러 번, 또 장기로 이용하면 신용점수가 하락하게 됩니다. 아무리 급해도 이 서비스들을 최후의 보루로 생각해야 하는 이유가 바로 이것이죠.

1DAY PROJECT

대출, 잘 알고 계신가요?

▶ 대출의 기본 개념 익히기

직장인이 되고 나면 '대출'에도 자연스레 관심이 생기게 됩니다. 학생 때는 먼 나라 이야기처럼 느껴졌지만 이제는 당장 내 명의로도 꽤 큰 금액의 돈을 대출받을 수 있으니까요. 당장 돈이 생기면 무엇부터 할까 생각하게 되죠. 독립, 결혼, 이사 등등… 아마 머릿속에 지금보다 나은 미래를 그려보고 있을 겁니다.

너무나 당연한 말이지만, 대출은 적재적소에 잘 활용하면 득이 됩니다. 다만 대출을 둘러싸고 있는 기본 개념들을 충분히 숙지한 다음, 목표를 잘 설정한 뒤에 대출의 세계로 발을 들이는 것이 좋습니다.

1 돈을 빌리는 일

     대출이 무엇일까요? 말 그대로 돈을 빌리는 행위입니다. 갑자기 자금이 필요하게 된 희애 씨가 친구 동주에게 돈을 빌려달라고 했습니다. 동주는 평소 희애 씨가 직장 생활도 착실히 하고, 친구들 사이에서 신뢰가 깊기로 유명한 것을 알기에, 잘 갚으리라 믿고 돈을 빌려주기로 합니다. 단, 빌려주기로 한 돈에 대해서는 소정의 이자를 받기로 했죠.

    은행도 이와 크게 다르지 않습니다. 대출 방식에 따라 심사 대상은 다르지만 기본적으로는 대출을 받는 고객의 신용도와 상환 가능성을 고려한 다음 대출 실행 여부를 결정합니다. 심사 결과 해당 고객에게 대출이 가능하다는 결론이 나오면, 각자의 계산법에 따라 대출 금리를 산정하고 이자를 받죠. 기본적인 대출의 구조, 이해하기 쉽죠?

2 대출금리의 구조

그럼 대출원금에 부과되는 이자, '대출금리'는 어떻게 산정되는 걸까요? 기본적으로 대출금리는 '기준금리'와 '가산금리'의 합입니다. 기준금리란 은행에서 대출금리를 결정할 때 '기준'으로 삼는 금리로서 코픽스COFIX, 코리보KORIBOR, 즉 금융채 금리가 이에 해당됩니다.

가산금리는 대출을 취급할 때 발생하는 비용과 각자의 신용도에 따라 결정되는 금리입니다. 급여 이체 여부, 자동이체 건수, 신용카드 실적 등의 요소를 바탕으로 평가한 뒤 그에 맞게 금리를 할인해 줍니다.

✅ 기준금리

대표적인 기준금리는 코픽스와 코리보, 바로 금융채 금리입니다. 어려운 용어 같지만, 알아야 할 것은 이를 개별 은행이 결정하지 않는다는 점입니다. 우리나라뿐만 아니라 세계 각국의 경제 상황을 유기적으로 반영해 결정되고, 이에 따라 대출 기준금리도 오르락내리락하게 됩니다.

✓ 가산금리

가산금리는 대출을 받는 고객의 신용도에 따라 달라지는 금리입니다. 신용점수가 높은 사람이라면 금리가 낮아질 것이고, 신용점수가 낮은 사람이라면 금리가 높아지겠죠.

가산금리는 기준금리에 비해서 공개된 자료가 많지 않습니다. 코픽스와 코리보는 투명하게 공시가 되므로 언제든 고객이 데이터를 확인할 수 있습니다. 하지만 가산금리는 각 은행마다 산정 기준이 있고 그 기준을 공개하지는 않기 때문에 '깜깜이'라고 볼 수 있습니다.

카카오뱅크와 케이뱅크 같은 인터넷 전문은행의 대출금리가 낮을 수 있는 비결이 바로 이 '가산금리'입니다. 가산금리에는 인건비와 마진율도 포함돼 있는데, 인터넷 은행은 상대적으로 인건비가 덜 들기 때문에 가산금리를 낮출 수 있는 거죠.

고정금리와 변동금리

"고정금리로 하시겠어요? 변동금리로 하시겠어요?"

은행에서 대출받을 때 은행원이 꼭 하는 질문이죠. 하지만 선뜻 대답하기 힘듭니다. 차이점을 모르는 경우도 있지만, 차이점을 안다고 하더라도 선택지에 따라 바뀌는 유불리에 확신이 서지 않기 때문이죠. 그래서 대다수의 고객은 '감'에 의존해서 결정합니다. 은행원에게 어떤 것이 유리하냐고 묻는다고 하더라도, 시시각각 변하는 경제 상황을 은행원 역시 완벽하게 꿰뚫고 있기는 힘듭니다. 결국 결정은 우리의 몫이죠.

고정금리와 변동금리의 차이를 만드는 것은 '기준금리'입니다. 시장 상황에 따라 결정되는 금리라고 앞서 설명드렸죠? 코픽스와 코리보가 정하는 상황에 따르겠다면 금리가 변할 것이므로 '변동금리', 이와 관계없이 대출을 실행하는 순간의 금리를 유지하겠다면 '고정금리'가 됩니다. 일반적으로 고정금리가 변동금리보다 높게 책정됩니다. 변동금리는 3개월 변동, 6개월 변동 등 주기를 선택할 수 있습니다.

그래서 대출을 받는 고객은 대출을 받고자 하는 시기의 경제 흐름을 잘 꿰뚫고 있어야 합니다. 경제 신문과 뉴스에서 앞으로의 기준금리에 관해 어떻게 내다보고 있는지, 미국의 움직임은 어떠한지 등에 관해서 말이죠.

앞으로 기준금리가 내려갈 것 같다는 판단이 들면 '변동금리'라는 답을 내리면 되고, 기준금리가 올라갈 것 같다면 '고정금리'로 결정하면 됩니다. 단, 예상이 빗나갈 수 있다는 점은 늘 감안하는 것이 좋습니다.

☑ 중도상환 수수료

은행에서 대출을 받았다면 은행이 정해준 일정대로 상환해야 합니다. 본인이 원금을 상환하고 싶은 시기에, 상환하고 싶은 금액만큼 갚아갈 수 있는 것이 아니라는 거죠. '중도상환 수수료'는 이런 측면에서 은행이 정한 상환 일정을 지키지 않은 것에 대한 패널티라고 볼 수 있습니다.

이때 '수수료를 내야 한다고? 그럼 목돈이 생겨도 안 갚는 게 낫겠네?'라고 생각해 상환을 포기해서는 안 됩니다. 목돈을 마련하여 대출 원금의 상당 부분을 상환한다면, 전체 원금에 대한 이자 규모가 줄어들겠죠.

따라서 기존 상환 일정대로 상환하는 것과 중도상환 수수료를 부담하면서 원금 일부를 먼저 상환하는 것 중 어느 쪽이 '득'인지 계산기를 두드려 보고 결정해야 합니다.

어떤 대출을 받아야 할까?

▶ 나에게 맞는 대출 방식 찾기

대출의 종류를 구분하는 가장 중요한 기준은 딱 한 문장으로 정리할 수 있습니다. '무엇을 믿고 얼마만큼의 돈을 빌려주느냐.' 이에 따라 신용대출과 담보대출로 나뉘죠.

희애 씨가 대출금을 잘 상환할 수 있는 사람인지를 직장 재직 여부 등 증명 가능한 요소들을 바탕으로 판단했다면 이는 신용대출입니다. 희애 씨가 현재 소유하고 있는 부동산 등을 담보로 잡아두고 신용도와 상환 가능성 등을 고려해 대출을 진행했다면 담보대출입니다. 내가 신용대출에 더 유리한 사람인지, 담보대출에 더 적합한 사람인지 제대로 확인해 볼까요?

성실이냐 자산이냐

☑ 신용대출

신용대출은 대출을 신청한 고객의 상환 능력을 판단해 돈을 빌려주는 방식입니다. 이를 위해 재직증명서나 사업 경력에 관한 증빙 서류, 신용점수, 지금까지의 대출 이력, 신용카드 연체 이력 등 여러 항목을 종합적으로 검토하죠.

이 요소들 중 특히 '신용점수'는 신용대출에서 매우 중요한 지표입니다. 신용점수는 앞서 설명드린 것처럼 금융 업무를 볼 때 본인을 드러내는 명함과도 같은 역할을 하기 때문이죠. 신용점수가 낮다면 은행에서 '이 사람이 대출금을 제때 상환할 수 있을까?' 하는 의문을 가질 수도 있습니다.

☑ 담보대출

담보대출은 개인이 보유하고 있는 것(자산)을 은행에 담보로 맡기고 그

자산만큼의 돈을 빌리는 방식입니다. 쉬운 예로 전당포를 들어볼 수 있겠네요. 아시다시피 전당포에서는 금이나 보석 등을 맡기고 그에 상응하는 돈을 빌린 후 원금과 이자를 기간 안에 상환하면, 다시 그 물건을 찾아올 수 있습니다. 은행에서도 마찬가지입니다. 본인의 자산 중 무엇인가를 담보로 돈을 빌리고 정해진 기간 안에 상환하면 되찾아 올 수 있지만, 갚지 못하면 해당 자산의 소유권은 본인에게서 떠나게 됩니다.

일반적으로 담보대출은 은행에 무엇인가를 맡긴다는 특성 때문에 신용대출보다 금리가 낮고, 대출 가능한 금액도 큰 편입니다.

금리와 한도는
어떻게 정해질까?

어떤 대출이든 금리 산정에서 가장 중요한 것은 '신용도'입니다. 신용대출은 개인의 신용점수가 높으면 금리가 낮게 산정됩니다. 이때 은행 내부에서 산정한 신용점수 데이터가 큰 영향력을 가지게 되죠. 담보대출은 기준금리와 보유하고 있는 자산의 가치에 따라서 금리가 결정됩니다.

우리가 반드시 알고 넘어가야 하는 건 '금리 특약'입니다. 금리를 낮출 수 있는 황금 같은 기회죠. 특약 조건에 맞으면 '금리 할인'을 받을 수 있거든요. 은행마다 기준은 다르지만 대표적으로 급여 이체, 신용카드, 자동이체, 스마트뱅킹, 예·적금 등이 금리 할인을 받을 수 있는 항목들입니다.

희애 씨가 받으려는 신용대출의 금리가 4%로 산정됐다고 가정해 봅시다. 금리 특약 조건을 살펴볼까요? 급여 이체가 있다면 0.2%, 신용카드를 매달 30만 원 이상 사용했다면 0.2% 할인이 있네요. 희애 씨는 그럼 매달 3.6% 금리로 이자를 내는 거죠.

은행 지점에 전화를 걸어서 은행원에게 대출금리를 문의하면 "고객님마다 다르게 산정되기 때문에, 지점 내방해 문의해 주세요"라고 이야기합니다. 이는 은행원이 귀찮아서 하는 안내 멘트가 아니라, 사실인 거죠. 고객이 제공하는 증빙 서류와 대출 신청서 등의 모든 자료를 담당 은행원이 심사한 후, 심사 결과가 나와야 해당 고객에게 정확한 금리를 안내할 수 있습니다.

일반적으로 신용대출의 한도는 개인의 연 소득을 기준으로 적게는 50~60%, 많게는 100%까지 산정됩니다. 기존에 대출받은 이력이 있다면 한도는 적어질 수 있습니다. 특히 대학생 때 받은 학자금 대출을 간과하는 사회초년생들이 많은데요. 이 역시 '대출'이므로 신용대출을 받을 때 한도를 잡아먹는 요소가 됩니다. 무턱대고 저축하는 것보다 기존 대출을 차근차근 상환해야 되는 이유를 아시겠죠? 모든 금융 이력들은 서로가 서로에게 영향을 줍니다.

3 대출에 필요한 서류

신용대출을 받기 위해서는 '저는 이만큼 신용이 탄탄한 사람입니다!'를 증빙할 여러 서류를 제출해야 합니다. 현재 본인이 대출 상환 가능한 상태라는 것을 증명하는 단계죠.

회사에 다니는 직장인이 대출을 받기 위해서는 재직증명서, 근로소득 원천징수 영수증이 필요합니다. 개인사업자라면 사업자등록증과 소득금액증명원을 자료로 제출해야 하죠. 담보대출은 이 서류들과 함께 담보 자산에 대한 증빙 서류를 함께 내면 됩니다.

몇 해 전, 한 드라마에서 은행을 찾아간 여주인공이 "지난번 방문 때는 분명 대출이 가능하다고 했는데, 왜 지금은 안 된다는 거죠?"라고 묻자, 은행원이 "그때는 ○○그룹에 재직 중이셨고 지금은 무직이시니까요, 고객님"이라고 대답하던 장면이 기억나네요. 그만큼 모든 대출에서 개인의 신용도와 현재의 소득원이 매우 중요한 요소라는 것을 알 수 있습니다.

마이너스 통장

▶ 한도대출의 개념 이해하기

직장인이 되고 나면 '마이너스 통장'이라는 단어를 어렵지 않게 듣게 됩니다. 내 옆의 동료도 마이너스 통장을 쓴다고 하고, 재테크 관련 포스팅에서 마이너스 통장에 관련된 것들만 해도 수백 개에 달합니다.

한 번 발을 들이면 절대 헤어나올 수 없다고 하는 마성의 마이너스 통장. 일반 대출과는 정확하게 무엇이 다른 건지, 직장인이면 다 받을 수 있는 건지 한번 살펴보겠습니다.

건별대출과 한도대출

우리가 흔히 얘기하는 '마이너스 통장'은 정식 용어가 아닙니다. 마이너스 통장의 진짜 이름은 '한도대출'입니다. 앞서 살펴본 신용대출과 담보대출이 '담보 유무'로 나뉘었다면, '대출을 받는 방식'에 따라서는 크게 '건별대출'과 '한도대출'로 나눌 수 있습니다.

일반적으로는 마이너스 통장은 신용대출이라는 공식으로 알려져 있지만, 실제로는 담보대출로 마이너스 통장을 이용하는 것도 가능합니다.

✅ 건별대출

건별대출은 이름처럼 대출을 '건당'으로 실행하는 겁니다. 해당 건에 대해서 신청하는 대출금 액수만큼 한 번에 대출을 받는 거죠. 은행마다 용어가 조금씩 상이하기 때문에 '개별대출'이라고 부르기도 합니다. 건별 대출은 대출금을 미리 설정하는 것이라서 대출 액수를 늘려야 한다면, 새롭게 건별대출을 신청해야 합니다.

즉, 1천만 원 건별대출을 신청한 희애 씨는 대출을 받고 나서 500만 원이 더 필요할 때 "저 대출 한도를 500만 원 추가로 늘려주세요!"라고 추가 신청하는 것이 아니라, 별도로 500만 원짜리 건별대출을 신청해야 합니다. 건별대출의 이자는 건당 대출금액이 정해져 있어 이자가 일정하다는 것이 특징입니다.

✅ 한도대출

한도대출, 즉 마이너스 통장은 한도를 정해놓고 그 금액 안에서 대출 기간 동안 고객 마음대로 언제든지 돈을 빌리고 갚을 수 있는 방법입니다. 약정 기간 내에서는 내야 하는 상환 금액이 정해져 있지 않으므로 '유동성 한도대출'이라고도 부릅니다. 만약 희애 씨가 2천만 원 한도대출을 받았다면, 2천만 원 한도 내에서 희애 씨는 언제든 필요한 만큼 500만 원을 사용했다가 갚고 1천만 원을 사용했다가 갚는 것이 가능합니다

대신 한도대출은 건별대출에 비해 대체로 이자가 높은 편입니다. 건별대출은 고객이 대출금액을 모두 사용하지 않더라도 건별로 대출금액을 지급했으므로 해당 금액에 대해서 일체 이자를 부과합니다. 하지만 한도대출은 고객이 대출금을 사용한 만큼 이자를 부과합니다.

가령 희애 씨가 한도대출 통장으로 어제 500만 원을, 오늘 2천만 원을 사용했다면 어제는 500만 원에 해당하는 이자를 부과하고 오늘은 2천만 원만큼의 이자를 부과하는 것이죠. 한 달에 한 번 납부하는 이자는 이처럼 일할 계산된 이자의 합이라고 보면 됩니다.

	건별대출	한도대출
지급방식	대출금액 일체 지급	대출 한도 지급
이자발생 방식	대출금 전체 적용	한도 내 사용금액에 적용
중도상환 수수료	있음	없음
이자율	건별대출 〈 한도대출	

마이너스 통장(한도대출)을 개설하게 되면 정해진 한도 내에서는 언제든지 일반 통장처럼 출금이 가능합니다. 별도로 통장을 개설해도 되고, 기존의 보통예금 통장을 활용하는 것도 가능하죠. 기존에 예치돼 있던 돈이 0원이었던 통장을 마이너스 통장으로 지정해서 사용하게 되면, 대출 한도 금액까지 마이너스(-) 표시가 되면서 금액 인출이 가능해집니다. 예를 들어 0원이었던 통장에서 100만 원을 인출하면, 통장에는 -100만 원이라는 금액이 찍히죠.

2 마이너스 통장의 장단점

✓ 장점

마이너스 통장은 앞서 설명했듯이 대출 한도 전액에 대해서 이자가 붙는 건별대출에 비해, 사용한 금액과 사용 기간에 대해서만 이자가 부과되는 시스템입니다. 만약 희애 씨가 연 4%로 2천만 원짜리 마이너스 통장을 사용하고 있는데, 그중 1천만 원만 한 달 동안 사용하고 일체를 모두 상환했다면 희애 씨는 1천만 원에 대한 4% 이자를 한 달 치만 내면 됩니다. 마이너스 통장을 신청했지만 100원도 사용하지 않았다면 이자나 수수료가 발생하지 않죠.

중도상환 수수료가 없다는 것도 장점입니다. 건별대출은 상환 일정과 다르게 중도상환을 할 경우에는 중도상환 수수료가 별도로 발생합니다. 돈이 생겼을 때 갚고 싶어도 내 마음대로 할 수 없죠. 반면 마이너스 통장은 자금적 여유가 생겼다면 그때마다 상환하면서 이자의 몸집을 줄일 수 있다는 것이 장점입니다.

✅ 단점

사회초년생들이 마이너스 통장을 개설할 때는 여러모로 주의해야 할 부분들이 있습니다. 마이너스 통장을 신용카드 쓰는 것처럼 가볍게 생각했다가 돌아올 수 없는 강을 건너는 경우가 종종 있기 때문이죠.

희애 씨가 신용카드로 해외 여행 비행기 티켓, 숙박 업체 등에 관련된 비용 200만 원을 6개월 할부로 결제했다고 가정해 보죠. 결제를 한 다음 달부터 카드명세서에 사용한 금액이 분할돼 청구될 겁니다. 희애 씨는 급여를 쪼개어 착실하게 대금을 상환하겠죠. 청구된 금액을 기한 내에 갚지 못하면 신용등급이 하락할 것을 잘 알고 있으니까요.

그런데 만약 희애 씨가 같은 금액을 마이너스 통장에서 인출해서 현금으로 결제했다면 어떨까요? 희애 씨는 6개월 동안 상환할 계획을 세웠습니다. 그런데 매달 급여를 받을 때마다 사고 싶은 것이 생긴다면? 아마 상환을 자꾸만 뒤로 미룰 겁니다. 마이너스 통장 이자는 계속해서 발생하겠죠. 매달 돌아오는 원금 상환 압박이 없는 데다 소정의 이자 비용만 지급하면 되기 때문에 유혹에 빠질 위험이 큽니다. 마이너스 통장에서 사용한 금액은 대출 만기까지는 자유롭게 사용하면 되기에 강제성이 없습니다. 따라서 철저하게 자금을 관리할 준비가 돼 있지 않은 분께 마이너스 통장은 독이 될 수 있습니다.

잘 알아두세요. 결국은 마이너스 통장도 '대출'입니다. "하나 만들어 두면 좋아"라는 말만 듣고 만들 것이 아니라, '나는 스스로 잘 절제할 수 있는가?'를 반드시 자문해 보시길 바랍니다.

2DAYS PROJECT

대출 갚는 방법 고르기

▶ 상환 종류 알아두기
▶ 나에게 맞는 대출 상환 확인하기

보통 대출이 필요해서 은행을 방문하는 분들이 중요하게 생각하는 요소들이 몇 가지 있습니다. 얼마만큼 대출을 받을 것인지(대출 한도), 대출금에 대한 이자는 얼마로 책정될 것인지(대출금리), 그 외에 대출 연장은 몇 회까지 가능한지, 금리는 고정금리인지 변동금리인지 등이죠.

하지만 의외로 굉장히 중요한 요소는 '대출 상환 방식'입니다. 어떻게 갚을 것인지, 즉 방식에 관한 의사를 명확하게 결정하는 것이죠. 친구나 은행원이 아닌, 스스로 고르는 방법을 알아야 합니다. 자세히 알아보고 나에게 진짜 잘 맞는 대출 상환 방식은 무엇인지 직접 결정할 수 있어야 합니다. 이제부터 찬찬히 알아봅시다.

1 원금균등 분할상환

어딘가 어려워 보이는 말이지만, 단어 하나하나 뜯어서 한번 살펴볼까요? '원금'은 대출받는 원래 금액을 뜻하겠죠. '균등'은 똑같이, '분할'은 나눠서, '상환'은 갚는다는 말입니다. 즉, 대출 원금을 똑같이 나눠서 갚는 방식입니다. 신용카드 할부처럼 원금을 나눠서 갚아나가는 거죠.

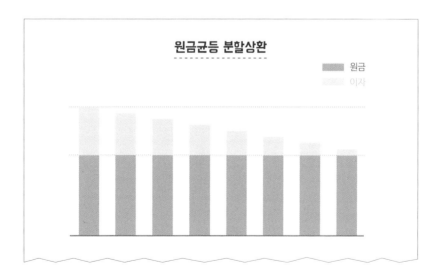

중요한 점은 앞의 그래프를 살펴보면 알 수 있습니다. 대출 원금은 분명 매달 동일한데 이자 금액은 첫 달에 가장 많고 마지막 달에 가장 적습니다. 대출 이자가 남은 상환 금액에 대해서 부과되기 때문인데요. 매달 원금을 갚아나갈 때마다 전체 원금의 크기가 줄어들기 때문에, 당연히 이자도 달이 지날수록 함께 크기가 줄어들게 됩니다. 만기를 앞둔 마지막 달에는 이자 금액이 가장 적겠네요.

이자는 원금 전체 금액에 적용되므로, 첫 달에 이자가 가장 많고 마지막 달에 이자가 가장 적습니다. 따라서 원금과 이자를 합친 전체 상환 금액 역시 첫 달에 가장 부담이 크고, 마지막 달에는 비교적 여유롭게 됩니다.

2 원리금균등 분할상환

은행원들이 가장 많이 추천하는 원리금균등 분할상환에 관해 알아봅시다. 역시 단어를 뜯어서 살펴보겠습니다. '원리금'은 원금과 이자, '균등'은 동일하게, '분할'은 나눠서, '상환'은 갚는다는 말이죠. 즉, 원금과 이자를 동일하게 나눠서 갚는다는 말입니다.

아래 그래프에서 볼 수 있듯이 대출 상환 첫 달부터 마지막 달까지 원금과 이자를 합친 총 상환액이 동일합니다. 다만 그 상환액을 구성하는

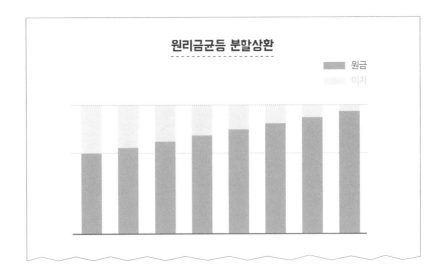

이자와 원금의 비율은 달마다 조금씩 달라집니다. 매달 상환하는 금액은 똑같더라도 원금은 만기에 가까워질수록 많이 갚아나가고, 이자는 만기에 가까워질수록 금액이 점차 적어집니다.

원리금균등 분할상환은 자금 계획을 세우기에 용이한 방식입니다. 상환하는 기간 동안 처음부터 끝까지 동일한 금액을 상환하기 때문에, 상환하는 동안은 이를 고정비로 보고 다른 계획을 세울 수 있는 거죠. 만약 달마다 대출 상환 금액이 상이하다면 상환 일정표를 보고 그때마다 자금 상황을 조정해야 합니다. 그러나 줄곧 같은 금액으로 균등하게 상환하므로 이에 대한 걱정은 없는 편이죠.

단어 그대로입니다. 만기가 되는 시점에 빌린 돈을 한 꺼번에 상환하는 방식입니다. 상환이 완료되는 마지막 달까지 미뤄두었 던 원금을 한꺼번에 갚는 대신, 대출 기간 동안 불어난 이자를 부담해야 합니다. 원금을 상환할 때까지 몇 달 동안 원금 금액만큼 목돈을 마련할 시간을 확보해 놓는다는 점은 장점이 될 수 있겠네요.

형편이 빠듯해서 대출을 받았는데, 당장 다음 달부터 대출금을 상환해

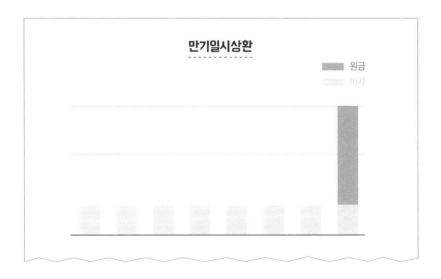

야 하는 상황이 난감한 분들에게는 이 방식이 큰 도움이 되겠죠. 다만 납부하는 기간 동안에 이자는 대출금에 비례해 계속 쌓여갈 겁니다. 부담하는 이자 금액이 다른 상환 방식에 비해서 큰 편이므로, 전체 금액을 고려했을 때는 아쉬운 비용이 될 수 있습니다.

나에게 맞는
상환 방식 찾기

　　　　복습한다는 생각으로 각자에게 맞는 대출 상환 방식을
찾아보겠습니다. 원금균등 분할상환은 매월 상환하는 원금이 동일하고,
원리금균등 분할방식은 원금과 이자를 합친 전체 상환금액이 매월 같았
습니다. 만기일시상환은 마지막에 한꺼번에 대출 원금을 갚는 방식이었
죠.

　　희애 씨가 대출 원금 1천만 원, 금리는 5%, 대출기간은 12개월인 신용
대출을 받았습니다. 어떤 방식이 잘 맞을지 결정하기 위해 각 달마다 상

대출원금 1천만 원, 금리 5%, 대출기간 12개월			
	원금균등	원리금균등	만기일시
이자	≒27만 원 〈	≒27만 2천 원 〈	50만 원
1회 차 납부	원금 833,333 이자 ≒41,000 납부 875,000	원금 ≒814,000 이자 ≒41,000 납부 856,075	이자 41,666
12회 차 납부	원금 833,333 이자 ≒3,400 납부 ≒836,000	원금 852,523 이자 3,552 납부 856,075	원금 10,000,000 이자 41,666 납부 10,041,666

환해야 되는 금액과 장·단점을 따져봤습니다.

우선 이자만 봤을 때는 '원금균등 분할상환'이 가장 저렴했습니다. 첫 달에 상환해야 되는 전체 금액이 가장 크지만, 첫 달의 상환 부담만 잘 버티면 금액이 차차 줄어들기 때문에 상환에는 문제가 없을 것 같습니다. 반면 만기일시상환은 만기까지 쌓일 이자 때문에 부담은 가장 크겠네요.

하지만 희애 씨는 급여가 고정돼 있는 직장인이기 때문에, 매달 상환 일정이 달라지면 혼동이 생길 것 같습니다. 특히 당장 첫 달인 다음 달부터 꽤 큰 상환 금액을 부담하는 것이 버겁게 느껴집니다. 희애 씨는 대출 상환 금액을 매달 고정비로 보고 동일하게 12개월 동안 갚아나가는 것을 목적으로 '원리금균등 분할상환'을 선택하면 되겠습니다.

주택 관련 대출 기본 개념

▶ 주택 관련 대출 이해하기

학생 때는 전혀 감흥이 없던 '내 집 마련'이라는 이 단어는 직장인이 되고, 한 두 해 나이를 먹으며 점차 쉽게 지나칠 수 없는 존재로 다가옵니다. 그러나 '집'은 마음만 있다고 해서 언제든지 살 수 있는 대상은 아니죠.

'현관문만 내 것'이라는 우스갯소리가 있을 정도로, 대다수의 사람이 내 집 마 련을 위해 금융기관에서 대출을 받습니다. 따라서 주택을 보유한다는 것은 자산 측면에서 큰 장점이죠. '주택' 관련된 대출엔 어떤 것들이 있는지 기본 개념부터 알아보도록 하죠.

1 주택담보대출 필수 개념

☑ LTV(Loan To Value) : 주택담보 대출비율

전체 집값 중 대출을 받을 수 있는 비율을 말합니다. LTV가 40%라면? 대출의 담보 대상이 되는 주택 가격의 40%까지만 대출이 가능하다는 얘기입니다. 만약 구매하고 싶은 집값이 5억이라면, 대출로 충당할 수 있는 금액은 2억까지겠네요. LTV가 낮아지면 대출 가능 금액도 낮아지고, 반대로 LTV가 높아지면 대출 가능 금액이 높아집니다.

LTV(Loan To Value)

(주택담보 대출비율)

$$\frac{대출\ 가능한\ 금액}{주택의\ 담보가치} \times 100$$

주택을 담보로 대출을 받을 때 얼마까지 받을 수 있는지에 대한 비율

예시) 주택의 가치가 5억, LTV가 70%인 지역이라면 5억 X 0.7로 최대 3억 5천만 원까지 대출이 가능합니다. (LTV는 지역에 따라 다르며, 대개 40~60% 수준입니다.)

일반적으로 LTV는 지역마다 다르게 설정돼 있기 때문에 잘 살펴봐야 합니다. 해당 지역이 서울이나 분당처럼 투기지역, 투기과열지역에 해당한다면 LTV가 비교적 낮게 설정됩니다. 반대로 해당 지역이 지방의 비규제 지역이라면 LTV는 비교적 높게 설정됩니다. 이는 지역마다 각 은행이 자체적으로 설정하는 것이 아니라, 정부가 내놓는 부동산 규제가 일괄로 적용됩니다.

☑ DTI(Debt To Income) : 총 부채 상환 비율

연 소득에서 대출 원리금 상환액이 차지하는 비율로, 개인의 채무 상환 능력을 평가하는 지표입니다. 받고자 하는 '신규' 주택담보대출의 원금과 이자, 금융 부채 이자 등을 고려해 개인의 채무 상환 능력을 평가합니다. DTI가 50%라면? 연간 총 급여액이 5천만 원인 희애 씨는 연간 상

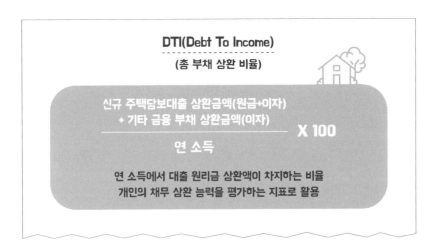

환하는 원금과 이자 상환액이 총 2천 500만 원까지 가능하다는 의미입니다. 급여가 높을수록 DTI 비율은 낮아지겠죠.

은행 입장에서는 상환이 가능한 사람에게 대출을 해줘야, 만기일이 됐을 때 정상적으로 대출원금과 이자를 받을 수 있습니다. 개인의 입장에서도 본인의 여력이 부족한 상황에서 집을 마련하기 위해 무리한 대출을 받으면, 대출금을 상환하지 못해서 파산에 이르는 최악의 경우까지 갈 수 있습니다. 따라서 DTI 비율을 적절하게 조율하는 것이야말로 은행과 고객 모두의 건전성을 유지할 수 있는 길이죠.

✅ 신 DTI(신 총 부채 상환 비율)

2018년부터 도입된, 기존 DTI에 비해 강화된 지표로, 기존 DTI와 달리 보유하고 있는 2건 이상의 주택담보대출 원금과 이자를 모두 반영하

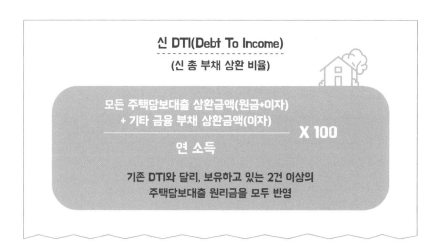

신 DTI(Debt To Income)
(신 총 부채 상환 비율)

$$\frac{\text{모든 주택담보대출 상환금액(원금+이자)} + \text{기타 금융 부채 상환금액(이자)}}{\text{연 소득}} \times 100$$

기존 DTI와 달리, 보유하고 있는 2건 이상의
주택담보대출 원리금을 모두 반영

여 상환 능력을 평가하는 방식입니다.

기존 DTI와 가장 큰 차이점은 '모두 반영하는가?' 입니다. 신 DTI가 등장하면서 기존 다주택자들이 대출을 받아 규제 지역에 투자할 수 있는 확률이 줄어들었습니다.

☑ DSR(Debt Savings Ratio) : 총 부채 원리금 상환 비율

연 소득 대비 모든 금융 부채의 원리금 상환액 비율로, 개인의 총 금융 부채 상환 능력을 평가하기 위해 활용하는 지표입니다. 신 DTI와 함께 등장했고 DTI가 주택담보대출의 원리금과 기타 금융 부채 상환금액의 '이자'만 고려했다면, DSR은 여기에 기타 금융 부채 상환금액의 '원금'까지 함께 고려합니다.

DSR(Debt Service Ratio)
- -
(총 부채 원리금 상환 비율)

$$\frac{모든\ 주택담보대출\ 상환금액(원금+이자) + 기타\ 금융\ 부채\ 상환금액(원금+이자)}{연\ 소득} \times 100$$

연 소득에서 모든 금융 부채의 원리금 상환액 비율
개인의 총 금융 부채 상환 부담을 판단하기 위해 활용

기타 금융 부채는 '학자금 대출', '자동차 할부금', '카드론' 등 개인의 모든 금융 부채를 의미합니다. 일반적으로 DSR이 90%를 넘을 경우 은행은 해당 고객을 '고위험 대출군'으로 분류합니다.

2 주택 관련 대출의 종류

은행에서 받을 수 있는 '주택'과 관련된 대출은 크게 '기금재원대출'과 '은행재원대출'로 나눌 수 있습니다. 고객에게 대출을 해주는 '대출금'의 출처가 어디인가에 따라서 나뉘죠.

☑ 기금재원대출

매매, 전세, 월세 등 '주택' 관련 대출을 알아본 적이 있다면 '디딤돌 대출', '버팀목 대출', '보금자리론'을 한 번쯤은 들어봤을 텐데요. 이 같은 상품들이 대표적인 기금재원대출입니다.

쉽게 말해 기금재원대출은 정부가 국민들의 보다 안정적인 주거 환경을 마련하기 위해 설치한 '국민주택기금'으로부터 자금을 공급받아 운영됩니다. 저소득가구, 신혼부부, 다자녀가구 등이 기금재원대출을 통해 비교적 저금리로 대출을 받을 수 있습니다.

✅ 은행재원대출

　반면 은행재원대출은 각 은행이 자체적으로 재원을 공급하는 대출입니다. KB국민은행에서 대출을 받는다면 KB국민은행의 자금, 신한은행에서 받은 대출은 신한은행의 자금에서 대출금이 지급됩니다. 기금재원대출 대상에 해당되지 않는다면 은행재원대출을 활용하여 대출을 받을 수 있습니다.

　일반적으로 기금재원대출에 비해서는 금리가 높은 편입니다. 해당 은행 주거래 고객이거나 신규 신용카드 발급, 자동이체 실적 등의 조건으로 우대금리 혜택을 받을 수도 있습니다.

3 주택담보대출은 거치 기간이 없다?!

　　최근에는 정부의 여러 부동산 규제로 인해서 LTV, DTI, DSR를 비롯한 주택 관련 대출 제도에 각종 변화가 생겼습니다. 특히 '거치 기간'이 대표적인 예입니다.

　거치 기간이 무엇일까요? 우리가 앞서 살펴본 대출 상환 방식 중 만기일시상환을 떠올리면 이해하기 쉽습니다. 만기일시상환 방식은 계속해서 이자만 납부하다가 마지막 달에 원금과 이자를 한꺼번에 상환하는 방식이었죠. 바로 이 '이자만 납부하는 기간'이 거치 기간입니다.

　'주택' 관련 대출에서는 이제 더 이상 거치 기간을 찾아보기 힘듭니다. 따라서 주택담보대출을 고려하고 있다면 무조건 상환 첫 달부터 '원금과 이자를 함께' 상환해야 한다는 사실을 기억하고 충분히 고민한 뒤 대출 여부를 결정해야 합니다.

내 집 마련?
디딤돌 대출

▶ 디딤돌 대출의 원리 이해하기

100% 본인의 자금만으로 집을 사는 사람은 거의 없고, 대부분의 사람이 은행의 힘을 빌리죠. 그러나 대출은 은행에서만 해주는 건 아닙니다. 앞서 설명한 '기금재원대출'도 기억할 필요가 있죠. 기금재원대출 중에서도 내 집 마련을 할 때 가장 많은 사람이 이용하는 '디딤돌 대출'에 대해서 알아보겠습니다.

디딤돌 대출은 한국주택금융공사가 내 집 마련을 하고자 하는 국민들에게 낮은 금리로 주택 구입 자금을 빌려주는 제도입니다. 기금재원대출은 일반적으로 은행 대출 상품에 비해 금리가 낮은 편이므로, 일단 디딤돌 대출 요건을 살펴보고 조건을 충족하지 못할 때 차선으로 은행 상품을 이용하는 것이 좋습니다.

1 디딤돌 대출, 받을 수 있을까?

> **디딤돌 대출 소득 기준**
>
> 부부 합산 연 소득 6천만 원(단, 생애 최초, 신혼,
> 2자녀 이상의 경우 7천만 원까지) 이하의 무주택 세대주

✅ 신청 대상 및 대상 주택

기금재원대출의 경우 대출을 받을 수 있는 소득 기준이 정해져 있습니다. 기본적으로 부부의 연 소득을 합산했을 때 6천만 원 이하이면서 무주택자인 경우에 신청이 가능한데, 생애 최초로 주택을 구입하는 경우와 신혼, 다자녀가구의 경우에는 연 소득 7천만 원까지 신청이 가능합니다.

여기서 '무주택자'란, 대출을 받고자 하는 대상 주택 외에 다른 주택이나 분양권 등을 소유하지 않은 것을 의미합니다. 생애 최초 주택구입이란 세대주 및 세대원이 처음으로 주택을 구입하는 것을 말하고, 신혼부부는 혼인신고를 한 날로부터 7년 이내인 가구에 해당합니다.

특히 결혼을 예정하고 있는 사람의 경우, 3개월 이내에 결혼한다는 증

빙으로 청첩장이나 예식장 계약서를 제출하면 신혼부부와 동일하게 혜택을 받을 수 있습니다.

대출을 신청할 수 있는 대상 주택도 조건이 있습니다. 주택 가격은 5억 원 이하, 주거 전용 면적은 85제곱미터 이하인 집이어야 대출을 신청할 수 있습니다. 수도권을 제외한 도시 지역이 아닌 지역에서는 최대 100제곱미터까지도 신청이 허용됩니다.

주택 가격은 부동산에서 거래되고 있는 매매가격을 기준으로 하는 것이 아니고, 한국감정원이나 KB국민은행 시세를 기준으로 적용합니다. 쉽게 말해, 부동산에서 거래되는 가격은 시장 상황이 반영돼 덧붙여진 금액이므로 '기준 가격'에 맞춰서 대출을 해주겠다는 거죠. 특히 KB국민은행 시세는 누구나 홈페이지를 통해서 쉽게 확인할 수 있으므로 매매와 대출을 염두에 두고 있다면 사전에 확인해 보길 바랍니다.

▲ KB국민은행 시세 화면

대출 한도 및 금리

디딤돌 대출의 최대 LTV는 70%, 대출 한도는 최대 2억 원이고 신혼부부와 다자녀가구의 경우 특별 한도가 적용됩니다. LTV는 앞선 장에서 살펴본 것처럼 주택가격 대비 대출이 가능한 금액을 의미합니다.

여기에서 주의할 것은 LTV와 대출 한도는 늘 한 세트라는 점인데요. 만약 신혼부부인 희애 씨가 5억짜리 아파트를 매매하기 위해서 디딤돌 대출을 신청했다면, 대출 가능 금액은 얼마일까요? 2억 2천만 원입니다.

디딤돌 대출 금리				
소득 수준(부부합산 연 소득)	10년	15년	20년	30년
~2천만 원 이하	연 1.95%	연 2.05%	연 2.15%	연 2.20%
2천만 원 초과 ~ 4천만 원 이하	연 2.20%	연 2.30%	연 2.40%	연 2.45%
4천만 원 초과 ~ 7천만 원 이하	연 2.45%	연 2.55%	연 2.65%	연 2.70%

'LTV가 70%라면 5억의 70%인 3억 5천만 원까지 대출을 받을 수 있겠네!'라고 생각하신 분들이 많으실 겁니다. '최대' 2억 원, 신혼부부라면

2억 2천만 원, 2자녀 이상 가구라면 2억 6천만 원까지 대출이 가능하다고 기재돼 있는 대출 한도를 반드시 고려해야 합니다. 이 부분에 대한 착각으로 자금 계획에 차질이 생기는 경우가 많기 때문이죠.

기본 대출 금리는 2020년 10월 기준으로 연 1.95%에서 2.70%입니다. 각 소득기준과 만기 기한에 따라서 다르게 책정됩니다. 단, 생애 최초로 주택을 구입하는 신혼부부의 경우에는 별도 금리가 적용되고, 다자녀 가구와 한부모가구 등 우대금리를 받을 수 있는 사항들이 있습니다. 일반 은행 대출 상품과 다른 점이 바로 이 부분이겠죠. 정부의 지원을 받을 수 있는 신혼부부, 다자녀가구 등에 해당된다면 우대금리 중복 적용까지 모두 챙겨서 최저 연 1.5%까지 금리를 낮출 수 있습니다.

✅ 신청 방법

소유권 이전 등기를 하기 '전'에 신청해야 합니다. 만약 소유권 이전 등기를 한 경우에는 이전 등기 접수일로부터 3개월 이내까지 신청 가능합니다. 단, 대출 관련 조건을 모두 충족한다는 가정이므로 이전 등기를 하기 전에 반드시 대출 관련 상담을 받고 진행하는 것이 좋습니다.

주택도시기금 수탁은행인 우리은행, KB국민은행, IBK기업은행, NH농협은행, 신한은행에서 신청 가능합니다. 자산심사에 관련된 사항은 주택도시보증공사 콜센터(1566-9009)로 문의하면 됩니다.

▲ 디딤돌 대출 신청 순서

1DAY PROJECT

전세 부담된다면, 버팀목 대출

▶ 버팀목 대출 알아보기

내 집 마련이 원대한 목표처럼 느껴지는 2030 청년들에게는 매매보다 전세라는 주거 거래 방식이 더 가깝게 느껴질 겁니다. 그러나 치솟은 집값 때문에 덩달아 오른 전셋값 역시 홀로 감당하기에는 부담이 막중하죠.

이럴 때에도 기금재원대출을 활용하면, 어깨의 짐을 조금이나마 내려놓을 수 있습니다. 가장 대표적인 전세자금대출은 '버팀목 전세자금대출'입니다. 전셋집 마련을 꿈꾸고 있다면 주목해 봅시다.

버팀목 전세자금대출?

주택도시기금을 통해서 받을 수 있는 기금재원대출 중 대표적인 것이 바로 버팀목 전세자금대출입니다. 이름에서 알 수 있듯, 전세금에 대해서 힘을 빌릴 수 있는 대출이며 일반 은행 대출에 비해서 낮은 금리로 자금을 빌릴 수 있다는 것이 장점입니다. 최근에는 월세와 전세에 관련된 기금재원대출 종류가 비교적 많아진 편이지만, 여전히 많은 청년이 버팀목 전세자금대출을 활용하고 있습니다.

☑ 신청 대상 및 대상 주택

버팀목 대출 신청 대상

✔ 부부 연 소득 5천만 원 이하 / 순자산 가액 2억 8천 800만 원 이하
✔ 무주택 세대주
✔ 신혼부부, 다자녀가구 : 소득 기준 6천만 원으로 완화

부부의 연 소득을 합쳤을 때 5천만 원 이하이면서 순자산 가액이 2억 8천 800만 원 이하이고 무주택 세대주라면 대출 신청이 가능합니다. 버팀목 전세자금대출도 신혼부부, 다자녀가구 등에 해당될 때는 소득 기준이 6천만 원으로 완화됩니다. 결혼을 하지 않은 직장인이라면, 본인의 소득만 책정하는 것이기 때문에 비교적 여유 있게 신청할 수 있습니다.

대상 주택은 임차 전용 면적인 85제곱미터 이하이면 가능하고 수도권이 아니라면 100제곱미터 이하까지 됩니다. 단, 최근에 많은 청년이 선호하는 셰어하우스에 입주하는 경우에는 면적 제한이 없습니다. 보증금 제한은 일반가구와 신혼부부가 수도권 기준 3억 원, 수도권 외 지역 2억 원이고 2자녀 이상 가구의 경우에는 각각 4억 원과 3억 원이란 기준이 정해져 있습니다.

다음 중 더 작은 금액으로 산정

✔ **1. 대출 한도**

일반가구 : 수도권(서울,인천,경기) 1억 2천만 원, 수도권 외 8천만 원

2자녀 이상 가구 : 수도권(서울,인천,경기) 2억 2천만 원,

수도권 외 1억 8천만 원

✔ **2. 소요 자금에 대한 대출비율**

일반가구 : 전세금액의 70% 이내

신혼부부, 2자녀 이상 가구 : 전세금액의 80% 이내

일반가구는 수도권 기준 1억 2천만 원까지, 수도권 외 기준 8천만 원까지 대출 한도가 정해집니다. 소요 자금에 대해서 전액 대출이 실행되는 것은 아니고 일반가구 기준 전세금액의 70% 이내, 신혼부부와 2자녀 이상 가구 80% 이내로 적용됩니다. 신혼부부인 희애 씨가 수도권에서 전세금 1억 원짜리 주택에 입주하기 위해서 버팀목 대출을 신청한다면, 1억의 80%인 8천만 원까지 대출이 가능하다는 말이죠.

대출금리는 연 소득과 임차보증금에 따라서 구간이 나뉩니다. 임차보증금이 5천만 원 이하이면서 부부 합산 연 소득이 2천만 원인 경우 연 2.1%, 임차보증금이 1억 원 초과이면서 부부 합산 연 소득이 4천만 원 초과이고 6천만 원 이하인 경우에는 연 2.7% 금리가 적용됩니다. 기초생활수급자, 차상위계층, 한부모가구, 다자녀가구 등에 해당할 시에는 우대되는 부분이 있으므로 반드시 해당 조건을 꼼꼼하게 살펴보세요.

신청 기한은 임대차 계약서의 잔금 지급일과 주민등록등본의 전입일 중 빠른 날로부터 3개월 이내까지 신청하면 됩니다. 계약 갱신의 경우에는 계약 갱신일로부터 3개월 이내에 신청 가능합니다. 만약 월세에서 전세로 전환하여 계약할 때는 전환일을 기준으로 삼으면 됩니다.

신청은 주택도시기금 수탁은행인 우리은행, KB국민은행, IBK기업은행, NH농협은행, 신한은행에서 가능합니다. 각 은행 지점에 직접 방문하면 자세한 상담을 받을 수 있고, 사전에 서류를 구비해 방문할 예정이라면 콜센터에 먼저 문의해 보기를 추천합니다.

대출이 먼저냐
저축이 먼저냐

▶ 빚테크 이해하기

 "대학생 때 학자금 대출을 받았는데, 대출 먼저 갚아야 될까요? 적금으로 목돈을 모으는 것이 먼저일까요?"

상당수의 청년들이 이런 고민을 털어놓습니다. 우리의 수입은 한정돼 있고, 과거의 내가 받은 대출이 나를 기다리고 있습니다. 그렇다고 하고 싶은 일이 많은데, 이를 위해 남겨둔 적금도 포기할 수 없습니다. 하지만 답은 정해져 있고, 이는 생각보다 쉽습니다. 여러분은 정답을 따라오기만 하면 됩니다.

1 빚테크가 뭐죠?

　　빚테크란 빚과 재테크의 합성어로, 빚을 현명하게 상환하는 방법을 말합니다. 빚테크의 핵심은 '대출 원금은 최대한 빠르게', '이자 규모는 최대한 적게'입니다. 대출금을 빨리 갚아 나가면서 금리 부담을 최소화하자는 거죠.

　단, '빠르게'라는 단어가 포함됐다고 해서 무조건 대출부터 먼저 갚으라는 말로 오해해서는 안 됩니다. 우리가 현명하게 빚테크를 하기 위해서는 먼저 본인의 '현금 흐름'을 정확하게 파악해야 합니다. 그래야 우선 순위를 정할 수 있으니까요.

　본인의 수입과 지출을 파악했을 때, 매달 마이너스인 상황이라면? 고민할 것도 없죠. 본인의 현금 흐름을 플러스로 만드는 데에 우선적으로 자금 여력을 집중시켜야 합니다.

2 수익률 계산하기

　　대출을 먼저 갚을 것인지, 적금에 가입할 것인지는 '수익률'에 따라 결정하는 것이 좋습니다. 일반적으로 대출금리는 복리, 적금과 같은 예금 상품엔 단리가 적용됩니다. 같은 이율이라면 복리가 몸집을 불리는 속도가 더 빠르겠죠.

　　또한 대부분의 대출 상품이 예·적금보다 금리가 높은 편입니다. 가령 많은 직장인이 이용하고 있는 마이너스 통장의 금리는 연 3~4% 정도이지만, 예·적금의 금리는 연 2~3% 정도죠. 이자 몸집이 더 큰 대출을 먼저 갚아야 되는 상황입니다.

　　더 정확한 판단을 위해서는 대출 상환 일정표를 참고하는 것이 좋습니다. 은행에서 대출을 받았다면 은행 지점, 학자금 대출을 받았다면 한국장학재단 홈페이지에서 앞으로 상환해야 될 원금과 원금에 적용되는 이자 등 상환 일정표를 확인할 수 있습니다. 정확한 수치로 비교했을 때 예상되는 적금의 수익률이 더 높다면 저축을 먼저 해도 되겠죠. 특히 특판 적금 기회를 잡았다면 충분히 가능합니다.

3 저금리 찾아 삼만 리, 대환 대출

   '대환 대출'을 활용하는 것도 학자금을 비롯해 보유하고 있는 대출금의 몸집을 줄이는 좋은 방법입니다. 대환 대출은 쉽게 말해 기존에 받은 대출을 새로 받은 대출로 갚는 것입니다. 과거에 대출받았던 시점보다 현재 대출금리가 더 저렴하거나, 타 금융기관으로 대출을 갈아타는 것이 금리를 더 낮출 수 있는 방법일 때 활용할 수 있습니다.

2010년 1학기	2010-01-21 ~ 2010-07-18	5.7%
2010년 2학기	2010-07-19 ~ 2011-01-06	5.2%
2011년 1,2학기	2011-01-07 ~ 2012-01-10	4.9%
2012년 1,2학기	2012-01-11 ~ 2013-01-08	3.9%
2013년 1학기 ~ 2015년 1학기	2013-01-09 ~ 2015-07-05	2.9%
2015년 2학기 ~ 2016년 1학기	2015-07-06 ~ 2016-07-10	2.7%
2016년 2학기 ~ 2017년 1학기	2016-07-11 ~ 2017-07-12	2.5%
2017년 2학기	2017-07-13 ~ 2018-01-02	2.25%
2018년 1학기 ~ 2019년 2학기	2018-01-03 ~ 2020-01-07	2.2%
2020년 1학기	2020-01-08 ~ 2020-07-08	2.0%
2020년 2학기 ~	2020-07-09 ~	1.85%

▲ 학자금 대출 캡처 화면

흔히들 학자금 대출은 금리가 낮아서 나중에 갚아도 된다고 생각하는 경우가 있는데, 그렇지 않습니다. 2020년 현재 과거에 비해 대출금리가 낮아지고 있는 추세라, 대출 실행 당시 고정금리 방식에 따라 금리가 산정됐다면 4~5% 정도 혹은 그 이상의 높은 금리가 책정돼 있을 수 있습니다. 이 경우에는 현재 본인이 받을 수 있는 다른 대출 상품을 알아보고 갈아타는 것이 훨씬 이득이겠죠.

4 대출 상환 순서

     만약 학자금 대출 외에 다른 대출도 있다면 대출 상환 순서를 정해야 합니다. A대출과 B대출 중 A대출을 먼저 받았다는 이유로 A대출을 먼저 갚는 것이 현명한 방법은 아니라는 거죠.

  우선 금융권별로는 3→2→1 순서대로, 역순으로 갚아나가면 됩니다. 사금융권의 대출금리는 연 10%를 넘는 경우도 많기 때문에 이자가 이자를 낳는 악순환이 생길 가능성이 큽니다. 따라서 사금융권 대출이 있는 경우 해당 내역부터 상환하고, 제2금융권, 제1금융권 순서대로 상환하는 것이 좋습니다.

  그다음으로 갚아야 할 것은 당연히 금리가 높은 대출입니다. 고금리 대출은 소액인 경우가 많으므로, 소액 대출부터 먼저 상환하는 것이 좋습니다. 소액이라고 얕게 봤다가 이자가 눈덩이처럼 불어나는 경우가 많죠.

  금리가 같은 대출인 경우 상환 기일이 빠른 것부터 갚는 것이 좋습니다. 대출은 원금과 이자 납기일을 넘길 경우 이자를 가산합니다. 심지어 연체 이자는 일반 상환 이자에 가산금리가 붙기 때문에 최대한 피해야 합니다. 상환 기일을 넘기지 않도록 상환 일정을 꼼꼼히 체크해야 하는 이유입니다.

1DAY PROJECT

금리인하 청구권

▶ 금리인하 청구권 이해하기

급하게 돈이 필요해 은행에서 대출을 받을 때가 있죠. 상환 일정에 맞춰서 착실하게 갚아나가다 보면, 문득 서운하다는 생각이 들 때가 있습니다. 대출을 받을 때는 내게 돈을 빌려준 은행이 고마웠는데, 다달이 원금과 이자를 꼬박꼬박 챙겨가는 은행이 괜히 야속해지는 거죠.

조금이라도 대출 이자를 적게 낼 수 있는 방법은 없을까 두리번거리고 있다면, 지금부터 이야기하는 내용을 잘 살펴보시길 바랍니다. 정정당당하게 대출 이자를 낮출 수 있는 방법을 소개하겠습니다.

금리 할인해 주세요

금리인하 청구권은 대출금리 인하를 요청할 수 있는 권리입니다. 즉 "이자 할인해 주세요"라고 대출받은 곳에 부탁하는 거죠. 대출을 받은 시점에 비해 현재의 신용도가 개선됐다면 은행에 이를 고지하고 금리 인하를 청구할 수 있습니다.

금리인하 청구권은 제1금융권인 은행부터 카드사, 보험사, 캐피탈에서도 모두 행사할 수 있고, 일정 자격을 충족하면 금리 인하 요구가 수용됩니다. 조건은 은행마다 모두 상이하므로 대출을 받은 은행에 미리 문의해 보는 것이 좋습니다.

금리인하 청구권 주요 요인

이직, 승진, 소득 상향, 은행 내 고객 등급 상향, 신용점수 상향, 부채 감소 등

금리인하 청구권을 행사할 수 있는 대표적인 경우는 '소득 상향'입니다. 이직을 하거나 승진을 하면 대개 기존의 급여보다 많은 금액을 받게 되죠. 그렇다면 자금적 여유가 생겼으니 은행에서도 '이 사람이 대출 상

환을 더 착실하게 할 수 있겠구나'라고 생각하게 됩니다.

신용점수 상향도 마찬가지입니다. 대출을 받았을 때보다 신용점수 및 등급이 올라갔다면 금리인하 청구권으로 이자를 할인받을 수 있는 확률이 높아집니다. 신용점수는 평소 연체 이력이 없고 건강한 금융생활을 해왔다는 증거니까요.

금리인하 청구권 행사 방법

사실 은행은 고객에게 금리인하 청구권을 적극적으로 알릴 이유가 없습니다. 대출 이자가 줄어들면 은행의 수익도 감소하니까요. 그래서 다른 상품에 비해 은행 홈페이지나 지점 내 부착 홍보물을 통해 정보를 얻는 것이 쉽지 않습니다. 대출을 받은 은행 지점에 방문해 알아내는 것이 가장 쉽고 정확한 방법이죠.

대출을 받았던 지점 담당 직원에게 전화로 필요한 서류를 문의하는 것도 좋은 방법입니다. 두 번 방문하지 않아도 되니 시간 절약이 가능하죠. 지점에 방문해 신청서를 작성하고, 이와 함께 구비해 온 서류를 제출하면 됩니다. 이직이나 승진, 부채 감소 등을 증빙할 자료가 여기에 해당되죠.

금리인하 청구권을 신청하면 금리인하 가능 여부를 전화나 문자로 통보받을 수 있는데, 일반적으로 7영업일 정도가 소요됩니다. 만약 대출 만기를 앞두고 별도 지점 방문 없이 상담사의 전화 통화로 연장 신청을 하게 됐다면, 금리인하를 받을 수 있는 방법과 가능 여부를 반드시 문의해야 합니다. 추가로 신용카드를 이용하거나, 자동이체 신청 등을 통해 대출금리를 낮출 수도 있습니다.

3장

전략적 접근,
골라 먹는 혜택

금융 서비스

1DAY PROJECT

두낫콜 활용하기

▶ 금융 마케팅 전화 차단, 활용하기

"안녕하세요. 고객님. ○○증권입니다." 학교 수업시간이나 직장 회의시간에 스마트폰이 울려 혹시나 중요한 전화일까 몰래 나가서 받았더니 마케팅 전화인 경우, 한 번쯤 있으시죠? 몇 차례 반복되면 한숨이 절로 나오고 이제는 정말 내 번호가 공공재가 된 건 아닐까 하는 생각까지 듭니다.

워낙 이런 경험을 한 분들이 많다 보니 심지어는 은행원으로서 안내가 필수인 사항들을 전달하기 위해 고객에게 전화를 드릴 때도 죄송한 마음이 들곤 했습니다. 그러나 이제는 얘기가 달라졌습니다. 지금까지 금융 마케팅 전화를 피하기 위해 여러 번 수신 거부를 해보셨다면, 이제는 해방되어 봅시다. 금융 마케팅 전화 차단 서비스, 두낫콜이 있으니까요.

두낫콜은 단어 그대로 'Do Not Call', 연락 중지 청구 시스템입니다. 금융위원회, 금융감독원, 은행연합회 등 공신력 있는 기관들이 참여, 운영하고 있는 시스템이기에 믿고 활용할 수 있는 서비스죠. 특히 이 서비스를 적극 추천드리고 싶은 분들이 있는데요. 바로 '거절'을 어려워하는 분들입니다. 대면으로 은행 창구에서 업무를 처리할 때, 서류에 마케팅 목적 전화나 문자 수신 동의 여부에 '아니오'를 선택하는 것조차 어렵다는 분들도 계시더라구요. 혹시나 원치 않는 동의를 하셨다면 두낫콜 서비스로 마음 편히 거부하시면 될 것 같습니다.

① 개인정보 수집·이용·제공, 개인정보처리방침에 동의하기

② 원하는 방식으로 휴대폰 본인 인증 진행

방법은 매우 간단합니다. 두낫콜 홈페이지에 접속하신 후 문자 인증, QR인증 등 본인 인증 단계를 거치면 수신 거절 대상인 금융권 리스트가 나타납니다.

③ 거절 등록을 원하는 금융권 버튼을 클릭해 설정

④ 개별 금융사 거절 시에는 해당 금융 사명과 등록 유형을 체크

⑤ 거절 신청이 완료되면 등록결과 페이지로 이동해 확인

▲ 두낫콜 사이트 캡처 화면

　　해당 페이지에서 한꺼번에 모든 금융사의 전화와 문자를 거절할 수도 있고, 각각의 금융사를 선택하거나 혹은 전화나 문자 둘 중 한 가지 수단만 거절하는 것도 가능합니다.

2 금융 마케팅 전화는 모두 나쁜 걸까?

귀찮음을 조금 감수하면 금융 마케팅 전화나 문자가 '득'이 될 때도 있습니다. 각 금융사에서 판매하는 신규 특판 상품, 진행되는 이벤트 등의 소식이 모두 금융 마케팅 전화나 문자를 통해 전달되기 때문입니다. 그래서 오히려 재테크 관련 카페나 커뮤니티에서는 금융 마케팅 전화와 문자 수신을 적극 권유하는 경우도 있습니다. 할인 정보가 가득한 마트 전단지 같은 역할이라고 말이죠.

그러나 전화나 문자를 통해서만 특판 상품 및 이벤트 소식을 접할 수 있는 건 아니죠. 각 금융사의 앱이나 홈페이지에 직접 들어가도 동일한 정보를 얻을 수 있습니다. 부지런하게 손품, 발품을 판다면 모든 금융 마케팅 전화를 수신 거부하더라도 문제 될 것이 전혀 없습니다.

다만 두낫콜 서비스를 신청했더라도 걸려오는 전화나 문자가 있습니다. 적금 만기, 대출 연장 등에 관련된 안내인데요. 이는 고객에게 필수적인 정보를 전화나 문자로 고지하여, 고객이 불이익을 받지 않도록 하는 것이 목적이기 때문에 마케팅 전화 및 문자에 해당하지 않습니다.

1DAY PROJECT

어카운트인포

▶ 까먹은 계좌, 숨은 돈 찾기

여러분은 보유하고 있는 통장이 몇 개인가요? 카드는 몇 장 정도 쓰시나요? 경제가 어려워지고 저금리 기조가 이어지면서 우리는 날마다 고금리 적금을 찾아 헤매고, 연회비 대비 좋은 혜택을 제공하는 카드에 가입하려 합니다. 저 역시 주거래 은행 한 곳만 사용하지 않고, 체리피커처럼 각 은행에서 제공하는 다양한 혜택을 누리기 위해 시중은행 대부분을 이용하고 있습니다.

이런 상황이다 보니, 내 명의로 된 통장이 총 몇 개인지, 심지어는 휴면계좌로 전환된 통장이 있는지조차 제대로 파악하지 못하는 경우가 생기곤 하는데요. 우리도 모르게 잊혀진 채로 주인을 애타게 기다리고 있는 통장을, 그 통장에서 고이 잠자고 있는 현금을 한꺼번에 찾을 수 있는 방법이 있습니다.

1 한꺼번에 관리한다! 어카운트인포

어카운트인포는 금융기관들이 공동으로 참여하고, 금융결제원에서 운영하고 관리하는 서비스입니다. 처음에는 계좌 정보를 통합해 관리할 수 있는 서비스로 시작했으나 지금은 카드, 자동이체, 보험, 대출 등 다양한 범위까지 확대해 운영되고 있습니다.

2020년 상반기 금융권을 뒤흔든 '오픈 뱅킹'의 주요 성격이 모든 은행권의 계좌를 한꺼번에 관리하는 것인데요. 일부 차이는 있지만, 한꺼번에 조회하고 관리하는 서비스는 어카운트인포가 먼저였다고 볼 수 있죠.

▲ 어카운트인포 서비스 화면

2 어카운트인포 실전 활용

✅ 내 계좌 한눈에

'내 계좌 한눈에' 탭에서 간단한 본인인증을 거치면, 내 명의로 가입된 모든 계좌를 조회할 수 있습니다. 개설한 뒤 잊고 있던 계좌를 찾기에 용이하죠. 저도 처음에 어카운트인포에서 계좌를 조회해 보고 비활동성 계좌가 무려 2개나 있어서 굉장히 놀랐던 기억이 있는데요. 아마 다들 하나씩은 갖고 계실 겁니다.

비활동성 계좌란 1년 이상 입·출금 거래가 없는 계좌를 의미합니다. 어카운트인포에서 비활동성 계좌가 조회되면 해당 페이지에서 바로 해지를 신청할 수 있습니다. 뿐만 아니라 통장에 남아 있는 잔고 이전 신청까지 가능합니다. 생각지도 못한 숨은 돈들이 한꺼번에 나타날 때, 계절이 지난 옷에서 만 원 한 장을 찾아낸 순간 그 이상의 기쁨을 느낄 수 있답니다. 여러분도 지금 바로 조회해 보세요. 나도 몰랐던 쌈짓돈이 생겨날지도 모르니까요.

✅ 내 카드 한눈에

개인적으로 어카운트인포에서 '내 계좌 한눈에' 서비스보다 더 유용했던 것은 '내 카드 한눈에'였습니다. 카드를 워낙 여러 장 사용하고 있고, 카드마다 결제일이 모두 달라서 헷갈릴 때가 종종 있는데요. 이때 어카운트인포 '내 카드 한눈에'를 활용하면 유효한 카드의 이용 한도, 결제예정 금액, 결제일 등의 정보를 한꺼번에 조회할 수 있습니다.

특히 앞서 2분기 '카드 편'에서 신용공여기간을 전달 1일부터 말일까지 설정하기 위해 결제일을 12일~15일로 변경하는 것을 추천드렸는데요. 이때 카드사마다 1~2일 정도 결제일 기준 차이가 있기 때문에 자칫하면 결제 대금을 연체하는 경우도 발생합니다. 하지만 어카운트인포를 활용하면 그럴 일이 없습니다.

✅ 자동이체 한눈에

계좌 자동이체 관리는 많은 분이 간과하는 부분입니다. 자동이체를 설정할 때는 날짜와 금액을 맞춰서 꼼꼼하게 확인 후 신청하죠. 반면 신청했던 서비스가 만료된 뒤에 일일이 확인하며 자동이체를 해지하시는 경우는 잘 없습니다. 해당 서비스가 만료됐다고 하더라도 방치하지 말고, 만에 하나를 대비해 계좌에 연결된 자동이체도 명확하게 해지해 주는 것이 좋습니다.

어카운트인포 '계좌 자동이체 통합관리' 탭에서는 계좌에 연결된 자동이체 내역을 조회할 수 있고, 해지 및 변경 신청까지 가능합니다. 처음 이 서비스를 확인했을 때, 무려 4년 전 자취방에서 등록했던 가스요금 자동이체가 설정된 것을 보고 재빠르게 해지 신청을 했던 기억이 나네요.

☑ 그 외

이외에도 어카운트인포에서는 금융 정보 조회, 카드 자동납부 통합관리 탭을 통해 보험, 대출, 카드에 설정된 자동납부 내역 등 다양한 정보를 조회 및 관리할 수 있습니다. 특히 2022년부터는 어카운트인포를 통해 카드포인트 현금화도 쉬워졌고, 자동 납부 관리 등 기능도 많아졌습니다. 여러모로 편리한 서비스죠?

돈을 불리거나 모으는 것뿐만 아니라, 나의 금융자산을 제대로 '관리' 하는 것도 재테크랍니다. 지금 당장 어카운트인포를 실행해 보세요.

2DAYS PROJECT

금리와 수수료를 한눈에

▶ 은행연합회 소비자포털 활용하기

 "어느 은행을 사용해야 가장 혜택이 좋은가요?"

이러한 막연한 질문에는 저 역시 "상품마다, 시기마다 달라요"처럼 막연한 답변만 드릴 수 있습니다. 실제로 지난달에는 A은행의 적금 상품 금리가 가장 좋았는데, 갑자기 이번 달에 B은행에서 특판 적금이 출시되면 유불리가 달라질 수 있죠. 대출금리나 환율 등 모두 마찬가지입니다.

그래서 우리는 '카더라' 통신 정보는 최대한 지양하고, 시시각각 어느 은행의 어떤 상품이 더 유리한지 정확한 수치로 비교해 보고 결정을 내려야 합니다. 이를 한 번에 확인할 수 있는 방법을 소개해 드리겠습니다.

1 은행연합회?

전국의 모든 은행들이 은행 산업에 관한 정보를 투명하게 공유하고, 소식을 전하는 창구가 바로 은행연합회입니다. 언뜻 이름만 들었을 때는 딱딱한 보고서만 가득할 것 같지만, 우리는 은행연합회 홈페이지를 통해서 다양한 금융상품 정보, 금리와 수수료 데이터 비교를 비롯해서 금융 교육까지 받을 수 있습니다.

은행연합회 홈페이지에 들어가 '소비자포털'을 클릭하면 앞서 말한 모든 정보를 확인할 수 있습니다. 대출을 받기 전에 대출금리가 가장 저렴

▲ 은행연합회 소비자포털 캡처 화면

한 은행은 어디인지, 적금은 어느 은행 상품 금리가 가장 높은지 등 정확한 정보를 한 번에 조회할 수 있다는 것이 은행연합회 소비자포털의 가장 큰 장점입니다. 간혹 특판 상품 정보 등이 반영되지 않을 때도 있지만, 상시로 판매되는 상품은 은행연합회 홈페이지 하나만 봐도 웬만한 비교는 다 할 수 있다고 해도 과언이 아닙니다.

2 상품 금리 비교

2020년 12월 기준으로 어느 은행의 어떤 상품이 적금 금리가 가장 높은지 한 번 찾아보겠습니다. 예금상품금리비교 메뉴를 클릭하고, 적금 금리 탭을 열어줍니다. 모든 은행을 비교하고 싶으니 '전체' 를 설정해 주고 매달 같은 금액을 저축하는 정액적립식, 이자 계산 방식 은 단리, 12개월 만기로 설정해서 검색해 보겠습니다.

우대금리까지 모두 더하니 2020년 12월 기준으로는 우리은행의 우리

▲ 예금상품금리비교 적금금리 화면 예시

magic6 적금이 연 6% 금리로 가장 조건이 좋다는 결과가 나왔습니다. 동일한 창에서 세부 내용으로 우대 조건과 가입 대상, 최고 한도 등의 내용까지 확인할 수 있으니 일일이 해당 은행 홈페이지를 확인하지 않아도 돼 편리합니다.

종종 은행 지점에 방문하면 "다른 은행에서는 이 정도 금리 받기 힘들어요"라는, 가입을 유도하는 영업 멘트를 들을 때가 있는데요. 무조건 은행원의 말만 믿지 말고 잠시 스마트폰을 만지는 척하며 재빠르게 은행연합회 공시를 확인해 보는 것도 좋겠죠. 재차 확인하는 습관을 가지면 실수를 막을 수 있습니다.

3 금리 산정 방식 알아보기

　　우리는 보통 은행에서 정한 금리의 표면적인 숫자만 확인하고 의사결정을 합니다. 그러나 조금만 관심을 갖고 들어보면 은행원이나 상담사의 대화에서 코픽스나 코리보 등의 금융 용어들도 등장합니다. 대출이나 예금의 금리가 어떤 요소들을 바탕으로 어떻게 구성되는지를 설명할 때 필요한 용어인데, 이러한 정보도 모두 은행연합회에서 확인할 수 있습니다.

　　"대출금리가 왜 이렇게 비싸?"같은 생각을 해본적이 있다면, 소비자포털에서 코픽스가 얼마고, 코리보는 현재 어떻게 공시돼 있는지 확인해 보고 '대출금리의 이해', '예금 금리의 이해' 메뉴로 이동해 해당 내용을 숙지하는 것이 큰 도움이 됩니다.

　　변동금리와 고정금리를 선택할 수 있는 대출 상품에서는 이 개념을 알고 있는 것이 어떤 선택지를 고를 때 가장 유리한지 정답을 알려주는 힌트가 되기도 하죠.

3DAYS PROJECT

금융소비자 정보포털
파인

▶ 금융상품 선택 방법 알아보기

　　은행연합회 홈페이지에서는 은행에 관련된 정보를 한꺼번에 비교할 수 있었습니다. 예·적금, 보험, 대출, 펀드, 카드까지 다양한 정보를 한 번에 확인할 수 있는 홈페이지도 있습니다. 바로 금융감독원이 운영하는 사이트 '파인'인데요. 그야말로 금융권의 정보를 '총망라'해 놨다고 해도 과언이 아닐 정도입니다. 금융 정보를 한눈에 보고 싶은 분, 정확한 금융 정보를 찾으시는 분은 꼭 집중해 주시길 바랍니다.

1 금융상품 한눈에

파인에 접속해 '금융상품 한눈에' 탭에 접속하면 부자 되세요! / 필요하세요? / 준비하세요! 메뉴가 나옵니다. 이렇게 분류된 상품 비교 공시는 소비자가 합리적으로 금융상품을 선택할 수 있도록 데이터를 제공하는 서비스입니다. 특히 펀드와 보험, 퇴직연금 등에 대한 정보까지 한꺼번에 제공하고 있어서, 다양한 상품군 정보를 각 금융사 홈페

▲ 파인 사이트 캡처 화면

이지에 접속하지 않아도 한눈에 비교할 수 있다는 것이 장점입니다.

'부자되세요' 메뉴에서는 정기예금, 적금, 펀드, 절세 금융상품 정보, '필요하세요?' 메뉴에서는 주택담보대출, 전세자금대출, 개인신용대출 등의 대출 정보와 신용 및 체크카드 정보를 비교하고 확인할 수 있고, '준비하세요!' 메뉴에서는 연금저축, 퇴직연금, 보험 정보를 볼 수 있습니다.

거래 단계별 핵심 정보

"대출을 받으려면 며칠 전까지 은행에 가야 되나요?"와 같은 질문을 평소에 참 많이 받습니다. 금융상품에 가입하기 전, 가입 시, 가입 후 절차에 관해 정확하게 알지 못해서 생기는 궁금증일 텐데요.

파인 홈페이지에서 거래 단계별 핵심 정보를 숙지하면 이런 궁금증을 해소할 수 있을 뿐만 아니라, 미리 구비해야 하는 서류도 확인하여 준비할 수 있습니다.

▲ 거래 단계별 핵심 정보 대출 캡처 화면

대출은 어떻게 진행되는지, 가입 안내를 확인해 봤습니다. 대면 가입 시와 비대면 가입 시로 나뉘어 있고, 각각 상담부터 신청서 작성, 필요서류 제출, 대출심사, 승인결과 확인 등의 절차가 자세하게 안내돼 있습니다. 물론 은행 지점에 가서 설명을 들을 수도 있지만 미리 절차를 알고 있는 상태에서 업무를 처리하면 은행원이 설명하는 바를 더 정확하게 이해할 수 있을 테니 실수 방지 차원에서 큰 도움이 되겠네요.

3 금융꿀팁 200선

　　특히 '금융꿀팁 200선'에는 매우 유용한 정보가 가득
모여 있습니다. 물론 인터넷에서 금융 관련 수많은 정보와 팁을 찾을 수
있는데요. '이 내용이 과연 정확한 걸까?'라는 의문이 늘 따라다닙니다.
그러나 금융꿀팁 200선은 금융감독원에서 직접 제공하는 것이니 그 어
떤 정보보다 믿음직스러운 정보겠죠.

　'은행거래 100% 활용법 다섯 번째, 알아두면 유용한 각종 서비스'를

조회해 봤습니다. 입·출금 내역 알림 서비스, 자동이체 및 예약이체 서비스, 무통장 무카드 인출 서비스, 이체 한도 초과 증액 서비스, 타행 자기앞 수표 현금 교환 서비스, 증명서 인터넷 발급 서비스 등 여섯 가지 정보를 전해주고 있네요.

사실 이런 정보는 은행에서 일일이 알려주는 것이 아니기 때문에, 몰라서 누리지 못하는 서비스일 확률이 높습니다. 틈새 시간마다 금융 꿀팁 200선을 틈틈이 숙지하면 나도 모르는 사이 금융 고수가 될 수 있지 않을까요?

중위소득

▶ 중위소득 개념 이해하기

    국가에서 지급하는 지원금의 종류만 해도 셀 수 없이 많습니다. 우리가 알지 못해서 누리지 못하는 지원금도 꽤 될 텐데요. 이때마다 지급 기준이 되는 것이 바로 '중위소득'입니다. 이와 더불어 '기준 중위소득'이란 개념도 필수적으로 알고 있어야 합니다.

    유튜브 채널에서 다양한 청년 통장을 정리해 소개했을 때도 "중위소득 150%가 뭔가요?" 등의 질문으로 댓글창이 도배가 됐던 기억이 있습니다. 국가의 복지 혜택을 제대로 누리고 싶다면 중위소득과 기준 중위소득, 이 두 가지 개념을 확실히 알아둡시다.

1 중위소득?

우리나라의 전체 가구가 5가구라고 가정한다면, 한 가운데 있는 가구는 세 번째 가구죠. 중위소득은 5가구 중에서 세 번째 가구의 소득을 이야기합니다.

우리나라의 전체 가구를 소득 순으로 쭉 줄을 세운다고 가정했을 때, 중간에 해당하는 가구의 소득을 중위소득이라고 칭한 겁니다. 여기서 가구는 등본상으로 묶여 있는 한 세대 안의 세대주와 세대원을 한 묶음으로 본 것입니다. 따라서 아버지가 세대주, 내가 세대원이라면 나는 개별적인 1가구가 아니라 부모님과 함께 1가구로 분류됩니다.

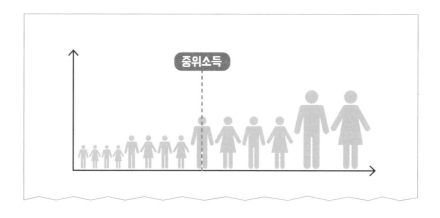

2 기준 중위소득?

그렇다면 기준 중위소득은 무엇일까요? 실제로 지원금 신청을 위해 신청 요건을 살펴보면 대부분 중위소득이 아닌 '기준 중위소득'이라고 기재돼 있습니다. 기준 중위소득은 앞서 살펴본 중위소득에 매년 정부가 각종 경제 지표를 반영해서 도출한 지표입니다.

정확하게는, 보건복지부에서 기초생활보장제도 등 71개 복지 사업의 수급자 선정을 위해 중위소득을 바탕으로 결정한 국민소득 중윗값을 의미합니다.

2020년 기준 중위소득 (단위: 원/월)							
구분	1인	2인	3인	4인	5인	6인	7인
30%	527,158	897,594	1,161,173	1,424,752	1,688,331	1,951,910	2,216,915
40%	702,878	1,196,792	1,548,231	1,899,670	2,251,108	2,602,547	2,955,886
50%	878,597	1,495,990	1,935,289	2,374,587	2,813,886	3,253,184	3,694,858
60%	1,054,316	1,795,188	2,322,346	2,849,504	3,376,663	3,903,821	4,433,829
70%	1,230,036	2,094,386	2,709,404	3,324,422	3,939,440	4,554,458	5,172,801
80%	1,405,755	2,393,584	3,096,462	3,799,333	4,502,217	5,205,094	5,911,772
90%	1,581,475	2,692,782	3,483,519	4,274,257	5,064,994	5,855,731	6,650,744
100%	1,757,194	2,991,980	3,870,577	4,749,174	5,627,771	6,506,368	7,389,715
120%	2,108,633	3,590,376	4,644,692	5,699,009	6,753,325	7,807,642	8,867,658
150%	2,635,791	4,487,970	5,805,866	7,123,761	8,441,657	9,759,552	11,084,573

기준 중위소득은 매년 복지 지원 기준을 정하기 위해서 통계청이 발표한 전년도 가구 경상소득 중간 값에 최근 가구소득 평균 증가율, 가구 규모에 따른 소득 수준의 차이 등 다양한 지표를 반영하여 가구 규모별로 결정합니다.

내가 속한 가구의 인원수에 따라 가장 많이 사용되는 기준인 기준 중위소득 70%, 100%, 150%가 얼마인지 정도는 파악하고 있어야 합니다. 그래야 나에게 가장 최적인 복지 혜택을 누릴 수 있으니까요.

3 소득인정액?

복지대상자 선정을 위해서 사용되는 지표 중 기준 중위 소득만큼 많이 사용되는 지표가 '소득인정액'입니다. 소득인정액은 실제 소득액과 재산을 소득으로 환산한 금액을 모두 합한 것입니다. 월급, 임대료 등의 소득과 자동차, 주택 등의 재산을 모두 계산합니다.

산출되는 공식은 꽤 복잡하지만 걱정하지 마세요. 우리에게는 해당되는 소득 재산 정보만 입력하면 빠르게 계산해서 값을 보여주는 시스템이

▲ 복지로 사이트 캡처 화면

있으니까요. '복지로' 사이트에서 이 같은 모의 계산이 가능합니다. 다만 이때는 세전 금액을 기준으로 잡기 때문에 통장에 찍힌 금액이 아닌, 세금 공제 전의 금액을 정확하게 입력해야 원하는 값을 얻을 수 있습니다.

▲ 복지로 모의 계산 화면

3DAYS PROJECT

경제 공부 공짜로 하기

▶ 공공기관 교육코너 활용법

요즘 들어 재테크를 비롯한 경제 전반, 금융에 관심을 가지는 분들이 부쩍 많아졌습니다. 그래서일까요? 제 유튜브 채널에 "경제, 금융 관련해서 더 많이 알고 싶은데 좋은 방법 추천해 주세요!"라는 댓글도 많이 달립니다.

우리 주머니를 든든하게 해주는 재테크를 제대로 하기 위해서는 경제 전반의 흐름을 익히는 것이 분명 도움이 됩니다. 그렇다고 해서 우리가 경제학 원론부터 학습할 수는 없겠죠? 쉽고 재미있는, 심지어 무료로 받을 수 있는 교육 방법들만 소개합니다!

1 기본부터 시작, 신문

가장 빠르고 정확한 소식은 신문과 TV 뉴스에서 접할 수 있습니다. 특히 신문으로 경제 기사를 접하면 전반적인 표나 그래프까지 한눈에 확인할 수 있어서 흐름을 파악하기에 좋죠. 요즘은 꼭 신문을 구독하지 않더라도 포털 사이트에서 무료로 기사를 읽을 수 있기 때문에 접근성이 매우 좋습니다.

네이버 뉴스를 활용하면 거의 대부분의 언론사 기사를 실시간으로 읽을 수 있습니다. 가장 먼저 '신문 헤드라인'을 클릭해 메인 기사가 무엇으로 선정됐는지 훑어보고, 사회 전반의 이슈를 파악해 두는 것이 좋습니다. 이 과정에서 시의적인 내용들을 한눈에 확인할 수 있고, 그중에 경제 관련 기사가 있다면 특히 그 이슈를 중점적으로 확인하면 되겠죠.

그다음은 경제 메뉴를 클릭하여 경제 분야에서 무엇이 가장 뜨거운 감자인지를 파악합니다. 포털 사이트에서 기사를 읽는 것의 장점은 다양한 언론사의 기사를 한 번에 훑을 수 있다는 점입니다. 특히 여러 언론사에서 공통적으로 내놓은 기사가 있다면, 그 이슈는 반드시 알고 넘어가는 것이 좋겠죠.

그다음 본인에게 맞는 언론사 페이지에 접속해 1면 → 사설면 순으로 기사를 확인하고 자유롭게 기사를 읽어 내려가면 됩니다. 1면과 사설면은 언론사에서 가장 중요하게 보는 주제를 다루는 면이기 때문에 그만큼 핵심 내용이 실릴 가능성이 큽니다. 신문을 처음부터 끝까지 읽어야 된다는 강박으로 무미건조하게 흘려보다가 사설을 채 읽지 못하고 포기하는 일이 없도록 합시다.

2 한국은행의 경제교육

신문을 읽는 것이 어렵고 따분하게 느껴진다면 다양한 온라인 콘텐츠를 활용할 수도 있습니다. 우리나라의 중앙은행인 한국은행에서는 '경제교육'을 별도로 진행하고 있는데요. 온라인과 오프라인 모두 활용 가능합니다.

한국은행 홈페이지에 접속하면 메인 메뉴에 '경제교육'이 별도로 구성

돼 있습니다. 경제교육 카테고리를 살펴볼까요? 오프라인에서 직접 수강할 수 있는 교육 프로그램에 대한 '교육 신청', 어린이부터 일반인까지 연령대에 맞게 쉽게 학습할 수 있는 '온라인 학습', 칼럼과 웹툰을 활용해서 공부할 수 있는 '재미있는 경제'와 '경제용어 사전'까지 다양한 콘텐츠가 제작돼 있습니다.

저의 경우 '온라인 학습'의 일반인 대상 콘텐츠 중 '국제수지의 개념과 작성방법'을 영상으로 수강했습니다. 국제수지는 수출 주도형 국가인 우리나라 경제에서 굉장히 중요한 개념이고, 신문에서도 자주 볼 수 있는 단어이기 때문에 알아두면 경제 흐름을 파악하는 데 큰 도움이 됩니다. 글로 읽는 것보다 이처럼 영상으로 학습하면 더 쉽게 이해할 수 있으니, 여러분도 시간 날 때 접속해 보세요.

3 기획재정부 경제배움e

　　　　기획재정부에서 공식적으로 운영하는 경제 배움터도
있습니다. '기획재정부 경제배움e'입니다. 홈페이지를 통해 생애 주기별
경제교육도 받을 수 있고, 카드뉴스, 정기간행물, 재미있게 볼 수 있는 동
영상 콘텐츠도 다수 접할 수 있습니다.

　　특히 별도의 뉴스레터도 신청할 수 있기 때문에, 매번 홈페이지에 접
속해 일일이 클릭하지 않아도 기획재정부의 경제 뉴스를 이메일로 받아
볼 수 있습니다. 쉽고 편하게, 공짜로 경제 공부가 가능합니다.

특히 유튜브 콘텐츠에 익숙한 2030에게는 동영상 콘텐츠인 '경제사 평행이론'이 정말 큰 도움이 될 텐데요. '경제 쇼크 다시 올까?', '미중 무역 전쟁, 쩐의 전쟁' 등 현재 경제 분야에서 이슈가 되는 주제를 10분 내외로 재미있게 다룬 콘텐츠들입니다. 다들 어려워하는 경제 공부지만, 하면서 나도 모르게 '재미있다'라는 생각이 들 정도입니다.

이외에도 각자가 거주하는 지역에서 진행되고 있는 경제 교육 및 기관을 안내해 주고, 신청 경로까지 설명해 주고 있으니까요. 오프라인 강의까지 원하는 분들은 알림판을 잘 활용해 보시면 크게 도움이 될 것 같습니다.

전세보증보험

▶ 전세보증보험의 개념을 이해하고 가입하기

2030 청년들의 주거 형태 상당수가 전세 혹은 월세입니다. 대학생이 되면서 자취 생활을 시작하는 경우가 많은데요. 이때 월세로 시작했다면 직장인이 된 후로는 '전셋집 마련'을 목표로 세우곤 합니다. 그러나 전셋집을 마련했다고 해서 안심할 수 없습니다. 이름만 들어도 무서운 '깡통 전세(집주인의 담보대출과 전세보증금이 매매가를 웃도는 상황)'도 현실엔 존재하니까요.

임대인 명의 물건에 대한 압류, 가등기, 경매 등 임차인을 살 떨리게 하는 요인들이 존재합니다. 계약 전에 등기부 등본을 아무리 꼼꼼하게 살펴봤더라도 압류나 경매 같은 문제는 얼마든지 발생할 수 있습니다. 건강 악화를 대비해 실비보험이나 암보험 등에 가입하듯, 이런 문제에 대비해 들 수 있는 전세 보험도 있습니다.

전세보증보험?

전세보증보험은 세입자가 보험료를 지급한 대가로 보증보험회사가 채무를 이행하는 특수한 형태의 보험입니다. 전세보증보험은 전세 대출금 상환보증과 전세보증금 반환보증, 크게 두 가지로 나뉩니다. 차이점은 바로 보증보험회사가 대신 부담을 지는 대상입니다.

'전세 대출금 상환보증'은 전세기간이 종료됐으나 집주인이 전세금을 돌려주지 않아 세입자가 대출금을 갚을 수 없을 때, 보증보험회사가 세입자 대신 상환해 주는 것입니다. 또 '전세보증금 반환보증'은 전세기간이 종료됐으나 집주인이 전세금을 돌려주지 않을 때, 보증보험회사가 집주인 대신 전세금을 반환해 주는 것입니다. 보증보험회사가 계약에 따라 '대신' 채무를 이행할 뿐, 집주인의 채무가 사라지는 것은 아니죠.

2 전세보증보험 기관

　　전세보증보험에 가입할 수 있는 대표적인 보증보험회사에는 주택도시보증공사와 서울보증보험이 있습니다. 두 기관의 보증보험 상품의 조건이 각각 다르기 때문에, 본인에게 적합한 기관을 선택하여 가입하면 됩니다.

취급기관	서울보증보험	주택도시보증공사
상품명	전세금보장 신용보험	전세보증금 반환보증
임차보증금	아파트 제한 없음 아파트 이외 주택 10억 원 이내	
보험요율	아파트 연 0.192% 기타 주택 연 0.218%	아파트 연 0.128% 그외 주택 연 0.154%
할인율	LTV 60% 이하 : 20% LTV 50% 이하 : 30%	사회배려계층 할인

　　서울보증보험은 임차보증금 면에서 유리한 기관입니다. 아파트는 임차보증금 제한이 없고, 아파트 외 주택은 10억 원 이내로 적용됩니다. 보험요율은 아파트 연 0.192%, 기타주택은 연 0.218%입니다. 여기서 보험요율이란 보험가입 금액에 대한 보험료의 비율을 말합니다. 쉽게 말해서

보험계약을 체결할 때 보험료를 결정하는 비율입니다. 해당 수치가 낮을수록 계약자의 비용 부담이 적겠죠.

주택도시보증공사는 보험요율 면에서 유리한 기관입니다. 개인 기준으로 아파트 보험요율은 연 0.128%, 그외 주택은 연 0.154%입니다. 서울보증보험에 비해 낮은 편이죠. 보증 금액은 보증 신청인이 신청한 금액이고, 전세보증금의 일부 보증 가입도 가능합니다. 단, 보증 금액은 보증한도 이내에서만 가능한데, '보증한도'란 주택가격에서 선순위채권을 제한 금액을 의미합니다. 여기서 선순위채권은 전세보증금보다 '우선' 변제권이 인정되는 채권을 말합니다.

3 전세보증금 YES or NO

✅ 집주인에게 허락을 받아야 할까?

NO! 전세보증보험에 가입할 때는 집주인과 별도로 상의하거나 허락을 구할 필요는 없습니다. 이 부분에서 전세보증보험을 가입하면 추후 전세금 상향 등에서 불이익을 받지는 않을까 우려하는 분들이 많은데요. 세입자의 정당한 권리이자 집주인에게도 불이익이 없으므로 눈치를 볼 필요가 전혀 없는 제도입니다.

✅ 전세 계약 시 가입해야 할까?

NO! 전세 계약 후 거주하는 중에도 가입이 가능합니다. 즉, 반드시 처음 계약 시에 가입하지 않아도 된다는 말이죠. 기관별로 기준은 상이하나, 일반적으로 전세 계약 기간의 1/2이 경과하지 않았다면 전세보증보험에 가입할 수 있습니다. 자세한 사항은 주택도시보증공사와 서울보증보험 홈페이지에서 참고하는 것을 추천합니다.

☑ 집주인이 바뀐 경우에도 보증보험은 지속된다?

NO! 임대인이 변경됐을 때는 반드시 신규 또는 변경 처리를 해야 합니다. 새 집주인과 새로운 임대차 계약을 했을 때는 신규증권발급 처리를 하면 되고, 새 집주인이 전세 계약을 승계하여 계약을 한 경우에는 변경 증권발급 처리를 진행하면 됩니다.

보증이용절차	
· 임차인용	
01 보증상담	보증금지 해당여부, 보증대상 및 조건, 내용 등 안내
02 보증신청	보증신청인이 영업지사를 방문하여 신청(인터넷보증 신청 가능) / 보증신청구비서류의 적정성 확인
03 신용조사	신용불량정보 등 확인
04 보증심사	보증신청내용의 적정성, 보증금지 해당여부 등 심사
05 보증서 발급	보증서 발급일 기준으로 신용불량정보 재확인

▲ 보증이용절차 예시

4장

졸라매자
허리띠!

짠테크 / 세테크

쏠쏠한 앱테크 앱

▶ 리워드 앱으로 포인트 받기
▶ 포인트를 현금처럼 활용하기

짠테크의 대표적인 방법을 꼽으라면 '앱테크'가 아닐까 싶습니다. 앱으로 포인트나 현금을 쌓아서 실제로 현금화할 수도 있고 포인트로 물건을 살 수도 있어서, 직장인의 경우 출퇴근 시간만 잘 활용해도 꽤 쏠쏠한 재테크 방법이죠.

매일 출석 체크를 하고 퀴즈를 풀다 보면 적게는 커피값, 많게는 밥 한 끼 값도 벌 수 있습니다. 지금 바로 앱스토어에서 관련 앱들을 받아보세요. 오늘부터 당장 시작해 100원이라도 챙겨봅시다.

1 리워드 앱

⊘ 캐시워크

리워드 앱은 앱테크의 원조격입니다. 캐시워크는 걸으면서 건강도 챙기고 포인트도 쌓을 수 있는 일석이조 앱인데요. 100보당 1원씩, 하루에 최대 1만 보, 즉 100원을 적립할 수 있습니다.

'겨우 100원을 벌기 위해 1만 보를 걸어야 한다고?' 싶을 수도 있지만, 우리가 하루에 필수로 걸어야 하는 시간은 생각보다 상당합니다. 출퇴근 시간 집에서 지하철역까지 이동하거나 점심시간 식당까지 이동하는 것만

으로도 돈이 쌓인다고 생각해 보세요. 원래는 0원이었던 걸음들이 모여 100원이 되고, 이렇게 적립한 캐시는 편의점이나 카페, 베이커리 등에서 사용할 수 있다니, 괜찮지 않나요?

☑ 캐시 슬라이드

캐시 슬라이드란 스마트폰 잠금 해지와 동시에 나오는 광고를 보면서 포인트를 쌓을 수 있는 앱입니다. 광고 시청 중 앱 설치와 연결된 이벤트가 있으면 추가로 포인트를 받을 수도 있는데, 약간의 귀찮음만 감수하면 모이는 포인트가 꽤 쏠쏠합니다. 캐시 슬라이드 앱을 통해서 쌓인 포인트는 2만 원 이상부터 현금으로 전환할 수 있고, 앱 내 스토어에서 사용할 수 있습니다.

☑ 기타

이외에도 '짤', '패널락', '원더락', '모아락' 등의 리워드 앱이 있으니 자신의 성향에 맞고 어렵지 않게 할 수 있는 앱으로 티끌 모아 태산을 실천해 봅시다. 수시로 접속해서 진행해야 하는 리워드 앱은 나와 궁합이 잘 맞아야 오래도록 함께하며 티끌을 모을 수 있습니다. 특히 데이터 무제한이 아닌 경우엔 주의합시다. 배보다 배꼽이 더 큰 사태, 데이터 추가 사용 요금이 앱테크로 모으는 금액보다 커질 수도 있으니까요.

온라인에서 설문조사를 하고 포인트나 현금을 지급받는 방법도 있습니다. 수많은 설문조사 중에서 내가 하고 싶은 설문만 선택할 수 있기 때문에, 평소에 관심이 있었던 분야라면 돈도 벌고 재미도 찾을 수 있습니다. 설문조사 건마다 포인트 지급도 다르기 때문에, 시간 투자 대비 포인트 지급율도 따져보면 좋겠죠.

대표적인 설문조사 앱은 '패널나우'입니다. 2천 원 이상 포인트를 쌓으면 현금화할 수 있고, 설문 후에 댓글을 달면 추가 포인트도 받을 수 있습니다. 또 앞서 언급한 '패널락'과 연동이 되기 때문에 유용하게 활용할 수

있죠. 이외에도 '서베이링크', '헤이폴', '플럼보드' 등의 앱 및 온라인 홈페이지를 활용할 수 있습니다.

실제로 오프라인에서 설문조사를 하고, 제품을 직접 맛보거나 착용해 보는 방법도 있지만, 시간이 오래 걸릴 수 있으므로 일상 속에서 많은 시간이 걸리지 않는 앱테크를 추천합니다.

편의점 앱

이제 편의점은 우리 일상에서 절대 빼놓을 수 없는 존재가 됐죠? 통신사 할인에 편의점 자체 행사까지 더해지면 상품 가격이 대형마트보다 저렴할 때도 있고, 특히 1인 가구 전용 상품이 많아 2030 자취생들에게 편의점은 그야말로 '취향 저격'인 시장입니다.

편의점에서 가장 많이 하는 행사가 '1+1' 혹은 '2+1' 행사죠. 집에 들어가는 길이었다면 몰라도 외출 중이라면 제품 여러 개를 무겁게 들고 다니는 건 다소 부담스러울 수 있습니다. 그렇다고 혜택을 포기하고 제값에 1개만 구입한다? 에이, 그건 하수나 하는 행동이죠. 우리는 앱테크로 편의점을 좀 더 활용해 봅시다.

☑ 포켓CU

BGF리테일 편의점 CU의 앱 '포켓CU'를 통해서는 CU포인트 적립이나 금액 할인은 기본이고 쌓은 포인트를 가족이나 친구들과 나눠 사용할 수도 있습니다. 가족들이 각자 포인트를 적립해 분산되어 있는 상태라면 푼돈이 되지만 함께 적립하고 사용한다면 금액이 꽤 커지겠죠. 뿐만 아니라 현금으로 결제했을 때 잔돈을 받지 않고 앱에 적립할 수도 있습니다. 동전 없는 사회가 가까워졌다는 걸 피부로 느낄 수 있는 서비스죠.

추천드리고 싶은 한 가지 팁은 '단골점포 등록'입니다. 내가 가장 자주 가는 단골점포를 등록한 뒤 수시로 뜨는 미션을 달성하면 추가 포인트를 얻을 수 있는데, 생각보다 아주 쏠쏠합니다. 이외에도 상품 예약구매, 갖고 있는 포인트 기부, 무료 체험 쿠폰 등 받을 수 있는 혜택이 두둑합니다. 포인트 적립용으로만 쓰였던 편의점 앱의 환골탈태를 직접 경험해 보세요.

☑ GS 나만의 냉장고

GS리테일 GS25의 앱인 '나만의 냉장고'도 쏠쏠하게 잘 사용하고 있는 앱 중 하나입니다. 특히 이름에 걸맞게 보관이 아주 용이하다는 것이 특징인데요. 1+1, 2+1이나 덤 증정 행사가 있을 때 당장 필요한 제품만 갖고 가고 나머지 제품은 추후에 가져갈 수 있도록 보관할 수도 있습니다. 또 보관 중인 상품을 다른 상품으로 변경하는 것도 가능해 선택의 폭을 넓힐 수 있다는 것도 장점이죠.

25일 이상 출석체크를 하면 한 달에 한 번 행사 상품을 무료로 받을

수 있는 이벤트도 있습니다. 제품 자체가 크지는 않지만 생수 1병, 젤리 1개라도 무료로 받으면 이 또한 작은 지출을 막는 데 보탬이 되겠죠. 행사 상품을 앱 자체에서 구매하는 것도 가능하니까 필요한 제품이 저렴한 가격으로 행사 중이라면 앱으로 미리 결제해서 100원이라도 아껴보세요. 잔돈을 잘 모아놓고 나면 굉장히 뿌듯할 겁니다.

"영수증은 버려주세요." 물건을 사거나 식당에서 식사한 뒤 계산할 때마다 많은 분이 하는 말입니다. 어차피 카드 결제 문자가 오니까 영수증은 필요 없다고 생각하시는 거죠. 설령 영수증을 받더라도 금액 정도만 확인하고 바로 찢어버리는 경우가 많습니다. 그런데 우리가 이렇게 소홀히 대했던 영수증, 짠테크로 보탬이 될 수 있다는 것을 알고 계셨나요?

우리가 구매한 제품이나 방문한 장소에서 지출한 영수증을 사진으로 인증해서 포인트나 현금을 받는 방식인데요. 기업 측에서는 수많은 고객의 영수증을 기반으로 빅데이터를 구축해 새로운 메뉴를 구상하는 등 마케팅 요소로 사용할 수 있으니 좋고, 이용자들은 실제 방문한 사람들의 리뷰를 볼 수 있기 때문에 신빙성을 갖고 그 장소를 방문할 수 있어서 좋습니다. 영수증 인증으로 포인트를 받는

우리도 좋고, 앉아서 데이터를 모을 수 있는 기업도 이득인 거죠.

영수증 재테크의 대표 플랫폼인 '네이버 마이 플레이스'는 최근 2030 청년들의 네이버페이 사용량 증가로 이용자가 늘었습니다. 앱을 이용하면 네이버페이 포인트로 리워드를 제공하기 때문에 인기가 많은데요. 하루에 최대 5개 영수증까지 리뷰가 가능하고, 같은 업체는 하루에 한 번만 인증할 수 있습니다. 첫 인증과 첫 포토리뷰 인증에는 각각 500포인트, 그 이후 리뷰에서는 50포인트씩 받을 수 있죠. 3, 5, 7, 10번째 리뷰에는 또다시 500포인트를 받을 수 있습니다.

간혹 검색이 되지 않는 장소가 있기도 합니다. 이때는 본인이 직접 업체 등록을 하면 되는데 간판, 메뉴판, 주변 사진 등을 업로드하고 장소 신청을 하면 추가 포인트까지 챙길 수 있답니다. 적게는 50포인트, 많게는 500포인트이기 때문에 생각보다 금방 포인트를 적립할 수 있습니다. 10원씩 쌓이는 리워드형 앱테크보다 규모가 큰 편이죠.

방법은 꽤 간단합니다. 네이버 앱에서 메뉴 중 'MY 플레이스'에 접속하거나, 검색창에 '마이 플레이스'를 검색해서 접속합니다. 초록색 버튼으로 '영수증 인증 리뷰하기' 버튼을 눌러주면 영수증 사진을 찍거나 스마트폰에 저장돼 있는 전자 영수증을 불러올 수 있는 메뉴가 나옵니다. 본인에게 해당되는 선택지를 고른 후 영수증을 인증하면 자동으로 입력되죠. 단, 지나치게 훼손됐거나 정보가 가려진 영수증은 인식이 어려우니 결제 후 바로 인증해 놓는 게 좋습니다.

이외에도 '스펜더', '머니야', '캐시카우' 등의 앱을 활용해서 영수증 재테크를 할 수 있는데요. 각 앱마다 특성이 다르고 중복해서 영수증 리뷰도 가능하니 귀찮음만 감수하면 여러 플랫폼에서 꽤 많은 포인트를 챙길 수 있습니다. 특히 머니야 앱은 영수증 리뷰뿐만 아니라 가계부 작성 기능까지 동시에 사용할 수 있습니다. 연동이 되기 때문에 영수증 기반으로 손쉽게 가계부를 쓸 수 있어서 편리하죠. 이제 영수증이 다르게 보이지 않나요? 영수증, 이젠 찢지 말고 찍으세요!

1DAY PROJECT

통신사 포인트 소진하기

▶ 포인트 활용 범위 확인하기

어느 통신사를 사용하든 매년 지급되는 통신사 포인트, 얼마나 사용하고 계신가요? 등급에 따라 다르지만, 생각보다 많은 포인트가 적립됩니다. 그런데 자그마치 매년 5천억 원 상당의 포인트가 사용되지 못한 채 소멸된다는 사실, 여러분은 알고 계셨나요?

매년 12월 31일쯤엔 가지고 있는 포인트를 모두 소진한 상태이길 바라지만, 마음처럼 쉽지 않습니다. 한 해를 보내는 동안 작게라도 부지런히 찾아 써야만 겨우 가능하죠. 심지어 이 포인트가 우리의 통신 요금에 포함돼 있다고 생각하면 더욱 허투루 쓸 수 없습니다. 연말까지 포인트 탈탈 털어쓰는 방법이 궁금하신가요? 지금부터 하나씩 요령을 따라 해보시길 바랍니다.

1 매달 1일은 통신사 앱 접속하는 날

통신사 포인트를 모두 소진하기 위해서는 일단 통신사 앱에 수시로 접속해야 합니다. 귀찮아도 매달 1일을 지정해서 최소 한 달에 한 번이라도 접속한다면, 매달 달라지는 멤버십 혜택을 확인할 수 있습니다. 주마다 변경되는 이벤트도 있으니 더 자주 접속할수록 많은 할인 소식을 접할 수 있겠죠.

KT에는 월 1회 2배로 할인해 주는 '더블할인 멤버십' 혜택이 있습니

다. 1년 내내 진행되는 고정 할인과 매달 변경되는 스페셜 할인이 있는데 바로 이 '스페셜' 할인이 굉장히 쏠쏠합니다. 많은 분이 좋아하는 도미노피자, 버거킹 등 대형 프렌차이즈 매장에서 상품 구입 시 최대 50%까지 할인받을 수 있기 때문입니다. 도미노피자에서 피자 한 판에 콜라 1.25L를 구입하면 약 3만 5,000원 정도지만, 통신사 포인트를 통해 50% 할인받으면 약 1만 7,000원만 지출하면 됩니다.

이외에도 더블할인 문화 혜택도 상시로 진행해, 연극, 뮤지컬 등 여러 공연을 최대 50%까지 할인받을 수 있습니다. 특히 뮤지컬은 티켓 금액이 다른 공연에 비해 다소 비싼 편이라 이런 혜택을 잡으면 부담을 덜 수 있겠죠. 단, 통신사들이 이러한 할인 혜택들을 고객들에게 일일이 알려주지 않기 때문에, 우리가 손품을 팔아서 앱 구석구석을 살피고 정보를 얻어야만 합니다. 부지런한 자에게만 할인이 돌아갑니다!

2 여행 전에 일단 조회

여행이나 나들이 계획을 세웠을 때도 일단 할인받을 수 있는 통신사 혜택은 없는지 챙겨보는 것이 좋습니다. 대체로 통신사 할인 혜택은 기껏해야 영화, 베이커리, 카페가 전부일 거라 생각하겠지만, 여행 분야나 레저 등에서도 꽤 많은 할인 혜택이 있습니다. 렌터카 20% 할인, 면세점 등급 업그레이드, 숙박 앱 할인, 심지어는 항공권 1만 원 할인 혜택도 있으니 무시할 수 없죠. 다소 비싸다고 느껴지는 테마파크 비용도 통신사 혜택을 적용하면 최대 50%까지 할인받을 수 있습니다. 적잖은 지출 때문에 어깨가 무거웠다면 조금이라도 부담을 내려놓을 수 있는 기회죠.

특히나 휴가철이 되면 앱에서 여행 관련 추가 이벤트 및 할인을 진행하기 때문에, 여행이나 나들이를 앞두고 있다면 통신사 앱 접속이 필수입니다. 단, 여행 관련 예매에 대해서는 '최소 1주일 전 예약 완료' 등의 기간 조건이 붙기도 하기 때문에 기간 여유를 두고 접속하는 것을 추천합니다.

계산 전에 일단 물어보기

사실 통신사 포인트를 소진하는 것은 하루아침에 할 수 있는 일이 아닙니다. 1년 내내 일상 속에서 조금씩 소진해야 평소에도 금전적으로 도움을 받을 수 있고, 진짜 필요한 분야에서 알차게 포인트를 사용할 수 있죠. 그러기 위해서는 '습관'을 가져야 합니다. 어느 상점에서든 물건을 계산하기 전에 "통신사 할인 가능한가요?"라고 물어보는 사소한 습관이 포인트 소진의 1등 공신입니다.

가령 GS25에서 1천 500원짜리 음료 한 병을 구입한다고 생각해 봅시다. 여러분은 얼마를 계산하시나요? 저는 통신사 할인으로 1천 350원을 결제하고 편의점 포인트 적립까지 챙깁니다. 10% 할인이라고 했을 때는 큰 숫자 같지만 150원 할인은 하찮은 금액이라고 느낄 수 있습니다. 그러나 150원을 10번 할인받으면 한 병의 음료를 구입할 만큼의 금액이죠.

덩치가 큰 금액에 대한 할인만 생각하지 말고, 일상 속에서 늘 '혹시 할인?'이라는 물음표를 갖고 질문을 던져보세요. 간혹 '귀찮아서', '민망해서' 할인을 포기한다는 분들도 계십니다만, 오늘의 작은 행동이 내일의 목돈을 만듭니다.

할인 기간 노리는 법

▶ 할인 이벤트 챙기기

여러분은 언제 물건을 구매하시나요? 물건이 다 떨어졌을 때? 쇼핑을 하고 싶을 때? 화가 나거나 스트레스를 풀고 싶을 때? 아니면 친구를 기다리면서? 사실 소비 시점은 내가 결정하는 게 아니라, 내가 구매하고자 하는 물건을 판매하는 상점이 결정할 때가 많습니다.

내 돈을 내가 원하는 시기에 쓰는 것 같은데, 왜 상점이나 기업에서 결정하냐고요? 그들이 할인을 해주기 때문이죠. 생각해 보면, 여러분의 소비 시점이 제품 할인 기간과 맞아떨어진다는 걸 알 수 있습니다. 각 업체의 할인 시기만 잘 파악하고 있어도 우리가 지출하는 금액의 몸집을 상상 그 이상으로 줄일 수 있습니다.

직장인 안성맞춤, 세탁 서비스

말끔한 겉모습을 유지하기 위해 갖춰야 할 요소는 여러 가지가 있겠지만, 가장 기본은 '깨끗한 옷'을 입는 것이지 않을까 싶습니다. 문제는 소재 특성상 매일 세탁할 수 없는 경우도 있고, 특히 정장을 자주 입는 직장인일 경우 세탁소를 통해 드라이크리닝을 해야 하는 경우가 많아 청결을 유지하는 데 비용이 많이 들죠.

제가 주로 이용하는 세탁 체인 '크린토피아'엔 일주일에 한 번 세탁비

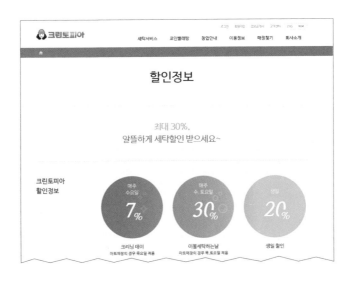

를 5% 할인해 주는 정기 할인 제도가 있습니다. 요일은 매장마다 상이한데 세탁이 당장 급하지 않은 경우 해당 요일에 맞춰서 옷을 맡기고 있죠. 크린토피아는 계절이 바뀔 때는 큰 폭의 할인 행사도 합니다.

겨울에서 봄으로 넘어가는 간절기에는 '패딩데이', '코트데이' 등 의류 특성에 따라 20~30% 정도를 할인해 주는데요. 특히 겨울 의류는 장당 세탁비 가격이 높기 때문에 할인 기간에 맞춰 옷을 맡기면 꽤 쏠쏠하게 절약할 수 있습니다.

대부분의 고객이 모르는 또 다른 할인 제도가 있는데요. 바로 '생일'입니다. 제가 이용했던 지점 중 그 어떤 곳에서도 따로 안내를 해주지 않아 이 내용을 모르고 몇 년을 사용했는데요. 새로 이사한 지역에 배달 가능 여부를 확인하려고 홈페이지에 접속했다가 우연히 이 같은 내용을 발견했습니다. 할인받지 못하고 사라진 기회들이 생각나 어찌나 아까웠는지 모릅니다.

고객이 직접 지점을 방문하여 생일 등록을 요청하면 간단한 본인 확인 후 등록해 줍니다. 본인의 생일 전후 15일 동안 1회에 한하여 세탁물 가격에서 20%를 할인받을 수 있습니다. 생일을 등록한 뒤 최대한 세탁물을 많이 모아두었다가 해당 기간에 한꺼번에 맡기는 것이 제일 이득이겠죠.

2 브랜드 할인데이

        화장품이나 생필품의 경우 이용하는 브랜드 멤버십 회원 가입 시 마케팅 동의를 해두면 할인데이 정보를 받을 수 있어서 유용합니다. 카카오톡 친구로 등록하면 세일이나 이벤트 기간에 맞춰 알림도 받을 수 있습니다.

    보통은 '마케팅 정보 수신 동의'라고 하면 일단 질색하고 거부하는 분들이 많은데요. 자주 이용하는 브랜드라면 한 푼이라도 아낄 수 있는 유용한 정보를 발 빠르게 접할 수 있으니 '득'이 되는 경우가 훨씬 많습니다.

    올리브영이나 롭스 같은 드럭스토어는 정기적으로 한 달에 한 번 세일을 진행하므로 해당 기간에 맞춰서 쇼핑하는 것을 추천합니다. 각 브랜드가 중요하게 생각하는 특정 숫자에 맞춰서 세일을 진행하기도 하니, 참고하세요. 대표적으로 11번가에서 매년 11월 11일에 진행하는 대대적인 행사가 있죠. 대형마트, 백화점에서도 시즌별, 품목별로 거의 매일 세일을 진행하므로 이쯤 되면 제값 주고 구매하는 것이 아까울 정도입니다.

할인데이만 있나,
할인타임도 있다!

특정 요일이나 기간 뿐만 아니라 '시간'만 잘 맞춰도 동일 제품을 더 저렴하게 구입할 수 있습니다. 마트 폐점 전 '타임 세일'을 하는 것이 대표적입니다. 상점들은 당일 영업을 끝내기 1~2시간 전부터 신선 제품 당일 소진을 위해 적게는 10%, 많게는 50%까지 할인해 판매하기 때문이죠.

특히 백화점 식품관은 '비싸다'라는 고정관념 때문에 구매를 어려워하는데, 해산물이나 과일 등 당일 소진을 해야 하는 품목은 마감 전 세일로 마트보다 훨씬 저렴하게 구매가 가능합니다. 대형 마트에 비해서 백화점 식품관의 상품이 신선도나 품질 면에서 비교적 우수하므로, 한 번쯤 도전해 보는 것을 추천합니다.

온라인에서도 '타임세일'은 인기있는 이벤트 방식입니다. 대표적인 소셜커머스 중 하나인 티몬에서는 시간대별 할인 품목을 다르게 구성하여 판매하고 있는데, 에어팟 등 인기 품목은 단 1분 만에 판매가 종료되기도 합니다. 타임 세일은 관련된 정보를 미리 알고 있어야만 참여가 가능하므로, 역시 정보가 돈이라는 말이 틀린 말이 아닌 것 같네요.

1DAY PROJECT

책테크

▶ 보지 않는 책 분류해 되팔기

책장에 있는 책, 몇 번씩 읽으셨나요? 저희 집 책장에도 책이 빼곡하게 꽂혀 있지만, 여러 번 손길이 가는 책은 한정돼 있더라고요. 요즘은 책을 읽지 않는 사람들도 다양한 목적으로 책을 구입하곤 하죠.

그러나 책을 읽는 취향은 바뀌기도 하고, 계속 새 책을 구입해 쌓이기 마련이죠. 인테리어 등의 용도로 쓰는 게 아니라면 그저 자리만 차지하는 '짐'이 돼버립니다. 실제로 이사를 할 때 책이 지나치게 많으면 무게에 따라 추가 비용이 책정되기도 합니다. 그런데 이 책들로도 재테크가 가능하다는 것, 알고 계셨나요?

1 책테크?

　　아마 여러분의 집에도 마음의 양식에서 하루아침에 '짐짝'이 돼버린 책이 구석구석에 쌓여 있을 겁니다. 이를 처분해서 용돈을 마련할 수 있다면 마다할 이유가 없겠죠? 중고 서적을 새로운 책으로 바꾸거나 중고 서적을 팔아 돈을 받는 재테크를 '책테크'라고 부릅니다. 책 상태가 좋다면 생각보다 높은 값을 받기도 하기 때문에 꽤나 쏠쏠한 짠테크 방법이 될 수 있습니다.

　주로 중고서점에서 거래가 이뤄지는데, 온라인과 오프라인 모두에서 판매가 가능합니다. 서점마다 취급하는 도서 종류가 다르기 때문에 각 서점의 특성을 미리 파악하고 이용하면 좋습니다. 단, 참고서처럼 한 번 이용하고 나면 재활용이 힘든 종류의 서적은 판매할 수 없으니 애초에 기대하지 않는 것이 좋습니다.

책테크 활용 가능한 대표 사이트

✔ 알라딘 온라인 중고샵
✔ 예스24 바이백
✔ 북코아 중고서점

✓ 책 선별

먼저 판매할 만한 책을 골라봅시다. 저는 주로 2년 이상 눈길도 주지 않은 '이런 책이 있었어?'라는 생각이 드는 책부터 선별합니다. 해가 두 번이나 지나가는 동안 손길을 주지 않았다면 그저 '바빠서'라는 핑계를 대기 힘듭니다. 나에게 더 이상 필요가 없는 책이거나 한 번 읽은 후 재미가 모두 소진된 책은 미련 없이 보내줍니다. 누군가에게는 유용하게 활용

도서				중고 품질 판정 10만명 고객위원회 투표결과 보러가기 : 도서
구분	헌 상태	표지	책등 / 책배	내부 / 제본상태
최상	새것에 가까운 책	변색 없음, 찢어진 흔적 없음 닳은 흔적 없음, 낙서 없음 얼룩 없음, 도서 결표지 있음	변색 없음, 낙서 없음 닳은 흔적 없음, 얼룩 없음	변색 없음, 낙서 없음, 변형 없음 얼룩 없음, 접힌 흔적 없음 제본 탈락 없음
상	약간의 사용감은 있으나 깨끗한 책	희미한 변색이나 작은 얼룩이 있음 찢어진 흔적 없음 약간의 모서리 해짐 낙서 없음, 도서 결표지 있음	희미한 변색이나 작은 얼룩이 있음 약간의 닳은 흔적 있음 낙서 없음	변색 없음, 낙서 없음, 변형 없음 아주약간의 접힌 흔적 있음 얼룩 없음, 제본탈착 없음
중	사용감이 많으며 헌 느낌이 나는 책	전체적인 변색, 모서리 해짐, 오염 있음 2cm 이하의 찢어짐, 래핑 흔적 있음 낙서 있음, 도서 결표지 없음	전체적인 변색, 모서리 해짐 있음 오염 있음, 낙서 있음 (이름 포함)	변색 있음, 2cm 이하 찢어짐 있음 5쪽 이하의 필기 및 밑줄 있음 얼룩 및 오염 있음, 제본 탈착 없음 본문 읽기에 지장없는 부록 없음
매입 불가	독서 및 이용에 지장이 있는 책 증정 도서/비매품	2cm 초과한 찢어짐 있음 심한 오염 및 낙서 있음 물에 젖은 흔적 있음	심한 오염 있음, 심한 낙서 있음 물에 젖은 흔적 있음	2cm 초과한 찢어짐, 5쪽 초과 낙서 심한 오염 이나 젖은 흔적 있음 낙장 등의 제본불량, 분분된 경우

▲ 중고서점 매입 기준 화면

돼 그 책의 진가가 더욱 발할 수도 있으니까요.

그러나 모든 책이 판매용으로서 가치가 있는 것은 아닙니다. 낙서나 메모가 많이 적힌 책, 오염이나 파손 등의 문제가 있는 책은 다른 사람도 돈을 주고 구매하지 않을 겁니다. 각 서점마다 매입 가능한 기준을 공지 사항으로 공유하고 있으니 미리 확인한 다음 '팔릴 만한 책'을 선별하면 됩니다.

☑ 매입 가능 여부 확인

책을 모두 선별했다면 해당 서적의 판매 가능 여부와 가격을 미리 조회해 봅니다. 이용하려는 중고서점의 앱을 이용하면 책 뒷면의 바코드를 읽혀 매입가를 확인할 수 있습니다. 내가 판매할 수 있으리라 예상했던 책도 이 단계에서 판매 가능 여부가 정확하게 판가름 납니다. 오프라인 서점에 직접 가져가서 판매할 생각이더라도, 미리 이 단계를 거쳐서 판매 가능 여부를 확인하면 헛걸음할 확률이 줄어들겠죠.

▲ 중고서점 매입 확인 화면

☑ 판매할 도서 담기 및 택배 신청

서점 매입 가능 여부와 금액을 확인했다면, 정말 판매를 원하는 서적은 담아줍니다. 단, 앱에서 확인한 금액은 책의 상태가 좋다는 것을 가정한 가격이기 때문에 더 낮아질 수 있음을 감안해야 합니다. 온라인 판매시에는 중고서점에서 직접 수거해 가기도 하고, 택배 신청도 가능합니다.

주의할 것은 온라인 판매를 선택했을 때, 서점이 매입 불가능이라고 판단한 책은 처분한다는 점입니다. 한 번 신청한 책은 다시 돌려받을 수 없다는 점을 인지하고 신청해야 합니다.

☑ 포인트 및 현금 지급받기

내가 판매 신청한 책이 서점에 도착하고 검수가 끝나면 대가가 지급되겠죠. 책 판매금은 현금으로 받을 수도 있지만 해당 서점의 포인트로 받을 수도 있습니다. 특히 포인트로 받는 경우에는 10~20%씩 가산하여 지급하는 경우가 많습니다. 평소 책을 많이 구입해서 보는 사람이라면 이역시 좋은 선택지가 될 수 있습니다.

안 입는 옷
기부하고 혜택받기

▶ 기부처 알아보고 혜택받기

우리 삶의 질을 결정하는 주요소인 의식주 중에서 유행에 가장 크게 반응하는 것이 뭘까요? 말하지 않아도 잘 아시겠지만, 옷일 겁니다.

아무리 절약을 하려고 해도 지나치게 낡은 옷을 계속 입을 수도 없고, 유행이 지나도 너무 지난 옷을 입는 것도 좀 그렇죠. 해서 우리는 종종 기분 전환을 위해 유행하는 '신상' 옷들을 구입합니다. 그러니 옷장의 옷은 갈수록 쌓여갈 수밖에 없죠. 맘에 들어 사놓긴 했지만 한 해가 넘도록 손도 대지 않아 깨끗하고 멀쩡한 옷이 있다면, 다른 사람을 위해 기부하고 기부영수증까지 챙겨보는 건 어떨까요?

1 아름다운 가게에 기부하기

'아름다운 가게'에 입지 않는 옷이나 생활 용품들을 기부하면, 해당 제품에 대한 재판매 단가를 기부금으로 인정받을 수 있습니다. 특히 2030은 유행에 따라 새 옷을 자주 구입할 테니 더 이상 입지 않는 멀쩡한 옷들을 기부한다면, 어려운 사람을 도우면서 연말정산에서 소득공제를 받을 수 있는 기부영수증도 챙길 수 있죠.

옷뿐 아니라 생활 잡화, 도서 및 음반, 가전 등도 기부할 수 있는데 특히 이사나 인테리어를 할 때 크기나 디자인을 이유로 많은 물품들을 바꾸게 된다면 아름다운 가게를 이용해 보세요. 중고시장을 활용할 수도 있지만, 좋은 뜻을 실천하면서 기부영수증도 발급받는 일석이조 효과를 누릴 수 있습니다.

✅ 기부 가능한 물품

의류를 비롯하여 영·유아 잡화, 주방 및 생활 잡화, 도서 및 음반, 가전 등 다양한 물품을 기증할 수 있습니다. 단, 해당 물품이라고 해서 무조

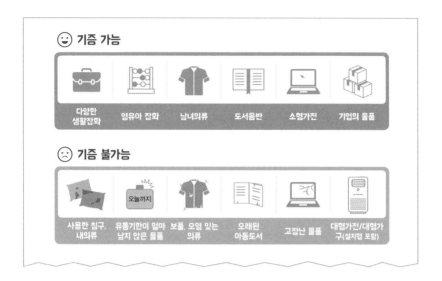

건 기부가 가능한 것은 아니고, '재판매'가 가능한 것이어야 합니다. 아름다운 가게는 사람들이 기부한 물품을 재판매해서 재원을 마련하므로, 재판매가 불가능해 보이는 물품은 받지 않습니다. 나에게는 불필요하지만 상태가 좋은 옷이나 물건을 기부하고 기부금까지 인정받는 방법이므로, 누군가 바로 사용할 수 있는 물품을 기증해야 한다는 것 잊지 마세요!

✅ 기부 방법

사람들이 기부는 나와 먼 얘기라고 생각하는 이유 중 하나가 '방법'을 찾지 못해서입니다. 과정이 번거롭다면 일회성 기부로 끝날 확률이 큽니다. 아름다운 가게에서 물품을 기증하는 방법은 간단합니다. 매장에 직접 방문하거나 방문 수거를 신청하면 되죠.

> ✔ **아름다운 가게 매장에 직접 기증**
>
> 매장 운영시간 : 월~토 10:30~18:00
> 기증스테이션이 마련된 매장을 이용하면 더 빠르게 처리 가능
>
> ✔ **무료 방문 수거 신청**
>
> 홈페이지, 모바일(www.beautifulstore.org) 또는
> 대표전화 1577-1113으로 신청 가능
> 3박스 이상(우체국 5호 박스 기준)인 경우 방문 수거 가능

⊘ 기부금으로 인정받는 법

아름다운 가게에 물품을 기부하면 책정된 금액만큼 기부영수증을 발급받을 수 있습니다. 온라인 기부를 신청할 땐 기증 신청 첫 번째 단계에서 선택하면 되고, 전화나 매장 방문 시에는 직원에게 요청하면 됩니다. 신청 후 2~3주 정도가 지나면 기부영수증을 발급받을 수 있고, 개인의 경우에는 홈택스 기부금 내역에서 확인할 수 있습니다.

> **기부영수증 발급을 위해 필요한 정보**
>
> ✔ 성명(사업자명)   ✔ 주민등록번호(사업자등록번호)
> ✔ 주소(사업장 소재지)   ✔ 기부 목적
> ✔ 기부 금액

2　옷캔에 기부하기

　　옷캔은 기획재정부에서 지정한 지정 기부금 단체입니다. 단체명에서 알 수 있듯이 '옷'에 특화된 곳입니다. 기부된 옷을 재활용하여 해외 난민, 재난 국가, 국내 소외 계층 등에 지원하고 있습니다. 뿐만 아니라 환경 문제 개선에도 앞장서서 함께하고 있는 단체라 믿고 기부할 수 있죠.

✅ 기부 가능한 옷

　사계절, 남녀노소 모든 의류를 기부할 수 있습니다. 모자나 가방, 신발, 이불, 수건까지도 기부를 받고 있습니다. 기부 가능한 옷의 기준이 까다롭지 않기 때문에 누구나 부담 없이 기부에 참여할 수 있죠. 의류를 세탁해서 보낸다면 바로 활용이 가능하니 더 좋지만, 심하게 오염된 의류가 아니라면 세탁하지 않아도 받아준다고 하네요.

포장방법

우체국 5호 박스
사이즈 or 1박스
15kg 이하를
권장합니다.

신청서 작성

운송비 기부금을
후원해 주시면
요청 날짜에 택배
예약을 해드립니다.

물품 발송

CJ 대한통운
반품(착불)으로
예약되며, +1~2일 지
연될 수 있습니다.

물품 배분

날씨, 연령 등
선별/포장하여
국내외 소외계층에
배분됩니다.

☑ 기부 방법

옷캔은 온라인으로 신청을 받습니다. 우체국 5호 박스 크기에 기부할 옷을 포장한 다음 신청서를 작성하면, 단체에서 기부자가 요청한 날짜에 택배 예약을 해줍니다. 며칠 뒤 우체국에서 물품을 수령해 간 뒤 분류해서 어려운 이웃들에게 전달되죠. 옷캔은 사업 운영을 위해 운송비와 추가기부금을 받고 있는데 이에 대해서도 역시 기부영수증 발행이 가능합니다.

☑ 기부영수증 발행

신청서 하단에 기부영수증 발행을 신청합니다. 대신 기부자 성명과 주민등록번호가 일치해야 합니다. 옷의 가치를 돈으로 환산한 후, 기부영수증이 발행됩니다. 영수증을 신청하지 못한 경우 추후에라도 신청이 가능하니 반드시 챙기는 것이 좋겠습니다.

3DAYS PROJECT

교통비 절약 짠테크

▶ 교통카드 종류 알아보기
▶ 나에게 맞는 교통카드 고르기

　매달 우리의 통장 한 구석을 묵직하게 차지하고 있는 고정비가 있죠. 바로 교통비입니다. 근처에 살지 않는 이상 늘 걸어서 출퇴근을 할 수는 없으니 교통비를 절약하는 데에는 한계가 있을 겁니다. 그러나 조금만 손품, 발품을 팔면 더는 아낄 수 없을 것 같았던 교통비의 몸집도 확실히 줄일 수 있습니다.

1　광역알뜰 교통카드

☑ 광역알뜰 교통카드란?

광역알뜰 교통카드 제도는 '도보, 자전거'와 '대중교통'의 콜라보라고 표현할 수 있습니다. 대중교통을 이용하기 위해서 걷거나 자전거로 이동한 거리를 마일리지로 지급하고, 여기에 각 카드사 교통 할인 혜택까지 포함한다면 교통비를 최대 30%까지 아낄 수 있는 제도입니다.

집 현관문을 열자마자 바로 버스 정류장이나 지하철역이 있는 경우는 드물겠죠. 따라서 걷거나 자전거를 이용해야 합니다. 근데 이를 계산해 마일리지까지 적립해 주다니, 원래 대중교통을 자주 이용하던 사람이라면 두 팔 벌려 환영할 일이죠.

☑ 이용 가능 대상자?

모든 국민이 이 광역알뜰 교통카드를 이용할 수 있는 것은 아닙니다. 해당 사업에 참여한 지자체에 주소를 둔 사람만 이 제도를 활용할 수 있는

데, 다행인 것은 꽤 많은 지자체가 이 사업에 참여하고 있다는 겁니다.

서울특별시 전역, 경기도 전역, 부산광역시 전역, 광주광역시 전역 등 수많은 지자체가 사업 대상 지역에 해당합니다. 또한 점차적으로 대상 지역이 확대되고 있기 때문에 언젠가는 전 국민이 활용할 수 있을 것으로 예상됩니다.

☑ 광역알뜰 교통카드 종류

신한카드, 우리카드, 하나카드 중에서 체크카드, 신용카드 중 원하는 종류를 선택해서 발급받을 수 있습니다. 카드사마다 교통 분야의 할인 혜택이 모두 다릅니다. 또한 교통 분야 할인뿐만 아니라 카드가 가진 기타 혜택도 모두 다르기 때문에 메인카드로 이용할 것인지 서브카드로 이용할 것인지 기준을 세워서 발급받도록 합니다.

2 광역알뜰 마일리지

✓ 마일리지 적립 방법

　광역알뜰 마일리지를 적립하기 위해서는 우선 사업 대상 지역의 거주민이어야 합니다. 광역알뜰 교통카드도 당연히 발급받아야겠죠. 여기서 가장 중요한 것은 대중교통 이용 전후로 '도보' 혹은 '자전거'로 이동하고, 한 달 동안 대중교통을 이용하는 횟수가 15회 이상이어야 한다는 겁니다. 직장인들은 매일 출퇴근을 하기 때문에 횟수를 채우는 데 무리가 없겠지

▲ 광역알뜰 마일리지 홍보 자료 캡처 화면

만 프리랜서나 학생, 주부의 경우에는 조건을 잘 따져보는 것이 좋습니다.

마일리지 적립도 무제한은 아닙니다. 한 달 동안 마일리지를 적립할 수 있는 횟수는 최대 44회입니다. 마일리지는 편도 교통 요금을 얼마 지출했는가에 따라서 차등 지급되는데요. 편도 교통요금이 2천 원 이하인 경우 250원 마일리지, 교통요금이 2천 원~3천 원인 경우는 350원 마일리지, 교통요금이 3천 원 초과인 경우에는 450원 마일리지가 적립됩니다. 저소득 청년의 경우에는 더 많은 마일리지가 적립되니까 더욱 쏠쏠하게 활용할 수 있습니다.

그렇다면 마일리지는 자동으로 적립될까요? 안타깝게도 그건 아닙니다. 반드시 마일리지를 적립하는 앱을 활용해야 되는데요. 사용 방법은 간단합니다. 대중교통을 이용하기 위해서 집에서 출발할 때, 앱의 '출발' 버튼을 눌러준 후 평소처럼 음악도 듣고 유튜브 영상도 보면서 이동하고, 원하는 목적지에 도착하면 '도착' 버튼을 눌러주면 됩니다.

집　　　　야옹시청　　　　광화문　　　회사

보행(450m)　　버스(2300원)　　보행(350m)

마일리지 44회 1만 5천 원 할인　　카드사 할인 약 1만 원 할인

▲ 이동 경로 예시

✅ 적립된 마일리지는 어떻게 사용할 수 있나요?

마일리지는 다음 달 대중교통 요금 차감에 쓰일 수도 있고 캐시백으로 통장에 입금될 수도 있는데, 각 카드사의 정책에 따라 결정됩니다. 따라서 어느 카드사를 선택해야 할지 모르겠다면, 본인이 선호하는 방식을 택하고 있는 곳으로 결정하면 되겠습니다.

✅ 모바일 간편페이에 등록해서 사용해도 되나요?

반드시 실물 카드로 대중교통 결제 단말기에 접촉해 결제해야만 혜택을 받을 수 있습니다. 삼성페이 같은 모바일 간편페이로 결제한다면 카드사의 할인 혜택은 받을 수 있지만 마일리지는 적립받을 수 없습니다.

☑ GPS와 모바일 데이터, 계속 켜둬야 하나요?

마일리지를 적립하기 위한 앱이 정상 작동하기 위해서는 사용자의 위치를 감지하는 GPS 기능과 모바일 데이터가 켜져 있어야 합니다. 물론 모바일 데이터뿐만 아니라 와이파이를 이용할 수 있는 환경이라면 이를 켜두어도 무방합니다.

3 지하철 정기권

광역알뜰 교통카드의 경우 참여 지자체에서만 이용할 수 있었다면, 지하철 정기권은 서울과 수도권 어디서든 지하철만 연결돼 있다면 편리하게 이용할 수 있는 교통비 절약 방법입니다. 매일 출퇴근하는 직장인 기준으로 한 달 평균 교통비는 7만~8만 원 수준인데요. 지하철 정기권을 이용하면 최소 5만 5천 원으로 한 달 교통비를 충당할 수 있습니다.

☑ 지하철 정기권이란?

지하철 정기권은 지하철 운임과 사용구간에 따라서 두 가지로 나눌 수 있습니다. 서울 내 지하철만 이용할 수 있는 서울 전용, 수도권 전철 전 구간에서 운임 수준에 따라서 사용할 수 있는 거리 비례용입니다.

종류와 무관하게 최소 15%씩 할인받을 수 있는 방법으로 본인의 이동경로를 고려해 결정하면 되죠. 정기권은 충전일로부터 30일 이내에 총 60회 이용할 수 있습니다.

서울 전용 정기권 운임은 5만 5천 원으로 고정돼 있습니다. 지하철 기본 운임 1천 250원을 44회 타는 비용이죠. 말 그대로 서울 전용이기 때문에 서울시 외의 역에서는 승차가 불가한 정기권입니다.

거리 비례용은 서울 전용에 비해 조금 복잡합니다. 1단계에서 14단계까지 나뉘어져 있는데, 비용도 모두 상이합니다. 단계는 본인이 주로 이용하는 구간에 따라서 선택하면 됩니다. 내가 주로 이용하는 구간을 서울교통공사 홈페이지나 앱에서 검색하면 몇 단계 선택이 가장 적합한지 계산돼 나오기 때문에, 따로 고민할 필요는 없습니다.

✅ 이용 방법

지하철 정기권은 정기권 카드가 있어야 이용할 수 있는데, 역무실이나 지하철 안내소에서 구입할 수 있습니다. 가격은 2천 500원이고 현금으로만 결제가 가능하니, 미리 준비해 가는 것이 좋습니다. 카드를 구입했다면 역에 설치돼 있는 1회용 발매 및 교통카드 충전기를 이용해 '교통카드 충전' 메뉴를 눌러 충전하면 됩니다.

정기권은 한 달 기준으로 사용 가능한데, 1일부터 말일까지가 아니라 본인이 카드를 사용한 시작일자를 기준으로 한 달간 사용할 수 있습니다. 만약 2020년 10월 10일에 정기권을 구입해서 충전해 사용하기 시작했다면, 다음달 11월 9일에 정기권 한 달 기간이 만료되는 거죠. 시작 날짜는 본인이 지정할 수 있습니다.

정기권 교통카드는 타 교통카드처럼 단말기에 접촉하면 비용이 아닌

횟수로 차감됩니다. 화면에 잔여 횟수와 만기일까지 함께 표기되므로, 바로 확인할 수 있다는 것이 편리하죠.

단, 주의할 것은 정기권은 오로지 '지하철'에 대해서만 이용이 가능하다는 점입니다. 버스로 환승할 때는 사용이 불가능하므로 만약 버스 환승을 필수적으로 해야 되는 사람이라면 지하철 정기권 사용은 적절하지 않을 수 있습니다.

✅ 현금영수증 처리

지하철 정기권 충전은 반드시 '현금'으로 해야 합니다. 그래서 우리가 절대 놓치지 말아야 할 것이 바로 '현금영수증 처리'인데요.

홈택스의 현금영수증 등록 메뉴에서 우리가 이용하고 있는 지하철 정기권 카드를 등록하면 관련 내역이 자동으로 현금영수증으로 처리됩니다. 현금 충전 시 영수증을 따로 받을 수 있지만 잃어버릴 수도 있으므로, 카드를 등록해서 전산 처리가 되도록 설정하는 것을 추천합니다.

4 청년동행카드

　　매일 출퇴근을 하는 2030 중에는 교통 여건이 열악한 산업단지 내 중소기업에 재직하고 있는 분들도 상당히 많을 겁니다. 한국산업단지공단에서 이런 청년들을 사업을 통해 지원하고 있습니다. 그 지원 사업이 바로 '청년동행카드' 제도입니다. 카드 자체의 혜택은 물론, 바우처도 받아서 경제에 여러모로 보탬이 될 수 있습니다.

✅ 청년동행카드란?

　　청년동행카드는 산업단지에 입주한 중소기업에 근무하는 청년 근로자들에게 매월 5만 원씩 교통비를 지원해 택시나 지하철 등을 탈 때 사용할 수 있게 한 제도입니다. 단, 현금으로 지급하는 것이 아니라 청년동행카드를 발급받은 청년이 사용한 교통비 청구 내역에서 지원금을 차감하는 방식으로 진행됩니다.

✅ 신청 요건 및 방법

요건을 충족하는 청년이라면 누구나 신청할 수 있으며 온라인과 오프라인 모두에서 신청 가능합니다. 단, '청년'이라는 명칭이 들어간 사업인 만큼 만 15세부터 34세 이하의 근로자만 신청할 수 있습니다. 예외 사항도 있으니 자세한 것은 반드시 해당 공단에 문의하시길 바랍니다.

온라인 신청은 한국산업단지공단 홈페이지에서 가능하고, 오프라인 신청은 사업장이 소재한 지역의 산업단지 공단에 방문해 신청서를 작성하면 됩니다. 신청 기간은 정해져 있지 않고 상시 접수를 받으므로 혹시 아직도 신청하지 않았다면 하루라도 빨리 신청하는 것이 이득이겠죠.

✅ FAQ

Q1 근무하는 사업장이 산업단지에 속하는지는 어떻게 알 수 있나요?

A1 토지이용규제정보 서비스 홈페이지에 접속하면 본인이 근무하는 근무지 주소의 토지이용계획을 확인할 수 있습니다. 이 페이지에서 '지역지구 등 지정여부'란의 '다른 법령 등에 따른 지역 및 지구 등' 부분에서 산업단지 해당 여부를 확인할 수 있습니다.

Q2 급여 제한이 있나요?

A2 교통이 열악한 산업단지에 소재한 중소기업에 재직하는 청년 근로자라면 누구나, 급여가 얼마인지 상관없이 동일하게 1인당 5만 원씩 지원받을 수 있습니다.

Q3 기존 카드에 해당 기능을 넣을 수는 없나요?

A3 신한카드의 경우 기존 신한카드에 교통비 지원 및 바우처 기능만 탑재할 수 있고, BC카드사를 이용하는 기업은행과 NH농협은행의 경우 별도의 카드를 발급받아야 합니다. 신한카드에 바우처 기능을 추가하는 것은 홈페이지에서 할 수 있습니다.

5 코레일 N카드 이용

주거지가 아닌 타지역에서 근무했을 때 가장 버겁게 느껴졌던 것은 다름 아닌 '교통비'였습니다. 회사의 지원도 없이 왕복 10만 원을 넘기는 KTX 비용을 사비로 감당하다 보니 한 달 월급 중 상당 부분이 교통비로 사라졌거든요.

아마도 최근 공공기관의 지방 이전으로 수많은 직장인이 주말 부부나 장거리 커플로 지내고 계실 텐데, 다행히도 이런 분들에게 희소식으로 다가올 만한 제도가 생겼습니다. 바로 'N카드'라는 겁니다. 제가 회사에 다닐 때 이런 카드가 있었다면 아마 생활비를 상당 부분 아낄 수 있었을 것 같습니다.

☑ N카드가 뭐야?

기존에도 코레일에서 이용할 수 있는 정기권과 할인권이 있었습니다. 그러나 기존 정기권은 요일 제한이 있고, 청소년 드림이나 힘내라 청춘은 연령 조건을 충족한다고 하더라도 할인 가능한 시간대가 정해져 있어 정

작 필요한 순간에 사용하지 못하는
경우가 허다했죠.

2019년부터 등장한 N카드는 이
용횟수와 이용구간을 선택할 수 있
는 카드입니다. N카드를 이용하면
유효기간 내에 주중이나 주말의 구
분 없이 승차권을 할인받아 구매할
수 있습니다.

N카드의 종류로는 기본형인 1인용, 2인용 그리고 3구간용이 있습니
다. 유효기간은 카드 구매일로부터 2개월 또는 3개월 중에서 선택하여
구매할 수 있고, 유효기간 내에 1회에 한해 50% 시간 연장 신청이 가능합
니다.

✅ N카드 할인율

N카드는 코레일톡 앱에서 구입할 수 있습니다. 운임 할인은 최소 15%
에서 최대 40%까지 가능하고 같은 노선이라도 시간대별로 할인율이 조
금씩 다릅니다. 1인용은 이용 구간 총 운임의 5%이고 종류마다 카드 금
액은 상이합니다.

가령 서울에서 부산을 구간으로 지정할 경우 N카드 금액은 2만 9천
900원입니다. 최소 할인 금액인 15%만 할인받는다고 하더라도 편도 운
임 5만 9천 800원 기준으로 8천 970원을 할인받을 수 있으니까 왕복

2번만 탑승해도 N카드 구입 비용이 충당되는 거죠.

만약 과거의 저처럼 주말마다 본가와 직장을 왔다 갔다 해야하는 직장인이 있다고 가정하면, 한 달 동안 총 4번 왕복을 해야 하는데요. 서울…부산 구간을 이용할 경우 부산 기준 최소 할인 비율만 계산해 봐도 N카드 구입 비용을 제외하고 약 4만 1천 000원을 할인받을 수 있습니다.

✅ N카드 이용 방법

N카드를 구입했다고 해서 바로 기차에 올라타면 안 됩니다. 별도의 승차권을 구매해야 합니다. 코레일톡 앱에서 N카드 메뉴에 접속해 '승차권 예매' 버튼을 터치합니다. 구간을 확인한 다음 날짜를 설정하면 열차 시간대와 할인율이 표기돼 나옵니다. 원하는 열차의 시간대를 확인하고 선택해 주면 자동 할인이 된 금액으로 결제창이 뜹니다. 그 금액이 맞는지 확인한 뒤 결제를 진행하면 됩니다.

기존 정기권과 할인권의 불편함을 제대로 짚어서 개선한 제도로 보입니다. 특히 과거의 저처럼 정기적으로 열차를 이용해야 하는 경우라면 가계 경제에 큰 도움을 받을 수 있을 것 같습니다. N카드를 이용한다고 해서 기존에 본인이 사용하는 체크카드나 신용카드로 받던 카드사 혜택이 사라지는 것도 아니기에, 카드에 따라서는 중복 혜택으로 훨씬 큰 할인을 누릴 수도 있겠네요.

연말정산 기본 개념

▶ 연말정산 이해하기
▶ 필수 용어 정리

매년 연말이 되면 강연 섭외 1순위를 차지하는 주제가 바로 '연말정산'입니다. 사실 연말정산은 1년 내내 준비하는 것이 맞습니다. 하지만 직장인들 대부분이 지푸라기라도 잡는 심정으로 연말정산 직전, 강연을 통해서라도 희망을 찾으려는 것 같습니다. 그런데 작년 한 강의에서 예상치도 못한 질문을 받은 적이 있습니다.

"연말정산이 정확하게 무엇인가요?" 그러고 보니 저 역시 신입 시절에는 연말정산을 왜 하는지도 모르면서 그저 선배들이 하라는 대로 했던 기억이 납니다. 직장인이라면 매년 거쳐야 하는 관문인 만큼, 개념부터 확실히 잡고 갑시다.

연말정산이 뭐야?

직장인의 급여명세서를 떠올려 봅시다. 분명 세전 금액은 꽤나 묵직한 숫자였는데 공제되는 여러 항목들로 인해 작고 소중한 금액이 돼버리는 게 현실입니다. 그 수많은 공제 항목 중 이미 낸 근로소득세를 돌려받는 과정이 연말정산입니다.

우리가 내는 세금은 각자가 버는 소득 전체에 매겨지는 것이 아니라, 세금이 매겨지지 않는 비과세 소득과 식비, 의료비 등 '돈을 벌기 위해서 필수적으로 사용되는 돈'을 제외한 '과세표준'에 따라 정해집니다.

국가가 전 국민에게 각자 다른 기준을 적용하여 세금을 거둬들이기에

희애씨 월급 계좌

삐리비릭~ 급여가 로그아웃 되었습니다.

입·출금 내역	출금 금액	적요
입금	2,500,000	급여
출금	50,000	소득세
출금	5,000	지방세

는 한계가 있으니, 과세표준이라는 일정 범위를 설정하여 적용하는 겁니다. 내가 속하는 과세표준 구간에 따라서 세율이 정해지고, 이 세율에 따라서 국세청이 먼저 근로소득세를 거둬갑니다. 국세청에서 "너는 1년 동안 이정도 벌 것 같으니까 이만큼을 세금으로 가져갈게" 하며 어림짐작으로 계산한 만큼의 소득세를 먼저 거둬가는 거죠.

연말까지 한 해를 모두 보내고 나면 내가 벌어들인 소득과 여기에서 세금이 매겨지지 않은 항목들이 정확하게 계산돼 나옵니다. 이 내역을 바탕으로 다음 해 초, 연말정산 제도를 통해 "이 항목들은 소득이 아니었어요. 소득공제 가능한 금융상품도 이만큼 가입했어요!" 하며 환급을 신청하거나, "소득이 조금 더 생겼으니 이만큼 세금 더 내겠습니다." 하며 추가 납부를 하게 되는 거죠. 13월의 월급이 되는 경우는 전자, 소위 말하는 '뱉어냈다'라고 표현하게 되는 경우가 후자입니다.

연말정산인데 왜 연말에 하지 않는가에 대해서도 궁금해하는 경우가 있는데, 연말까지 모두 지내야만 이에 대한 정확한 정산을 연초에 진행하는 겁니다. 매년 초에 지난 연말까지의 한 해에 대해 정산하는 것이 연말정산입니다.

2 연말정산 용어 정복

✅ 원천징수

급여명세서를 보면 급여에 여러 세금이 미리, 자세히 공제돼 있는 것이 보입니다. '원천징수'를 했기 때문인데요. 원천징수란 근로자에게 소득 금액을 지급할 때, 이를 지급하는 자가 근로자가 부담해야 할 세액을 미리 국가 대신 징수하는 것을 말합니다. 즉 회사가 미리 개인이 낼 세금을 떼고 월급을 주는 걸 원천징수라고 합니다.

✅ 근로소득

우리가 회사와 계약을 하고 이에 준하는 근로를 제공한 후, 그 대가로 지급받은 소득을 근로소득이라고 합니다. 급여명세서의 세전 금액이 이에 해당한다고 보면 됩니다.

☑ 비과세 소득

근로소득 중에서 세금을 내지 않아도 되는 소득입니다. 회사에서 지급하는 식비, 통신비, 야근 수당, 출산 및 육아 수당 등이 해당됩니다. 해당 내역들은 급여명세서에 자세하게 기재돼 있으니, 평소에 급여명세서의 내역들을 꼼꼼하게 짚고 넘어가는 습관을 갖는 것이 좋습니다.

☑ 총 급여액

연간 근로소득에서 비과세 소득을 제외한 금액입니다. 가령 2020년 희애 씨의 총 근로소득이 3천 500만 원, 비과세 소득이 200만 원이었다면 총 급여액은 3천 300만 원이 되죠. 연말정산은 이미 낸 세금에 대해서 돌려받는 것이기 때문에, 애초에 세금을 내지 않는 비과세 소득은 제외하고 '총 급여액'을 기준으로 정산하면 됩니다.

☑ 과세표준

세금을 부과할 때 기준이 되는 금액입니다. 모든 국민의 소득을 일일이 정산하여 세금을 매길 수 없기 때문에 소득 구간을 설정해 이를 정산 기준으로 삼는 겁니다. 총 급여액에서 소득공제 내역을 모두 제하고 나면 근로소득 과세표준이 도출됩니다.

✅ 세율

세금의 액수를 결정하는 비율로, 과세표준에 곱하면 정확한 값을 도출할 수 있습니다. 나의 총 급여액과 소득공제 내역에 따라 과세표준이 정해지면 이에 따른 세율도 자동으로 결정됩니다. 만약 과세표준이 위에서 두 번째 구간인 1천 200만 원 초과 4천 600만 원 이하에 해당된다면, 세율은 자동으로 15%로 적용되죠.

과세표준	세율	누진공제
1천 200만 원 이하	6%	
1천 200만 원 초과~ 4천 600만 원 이하	15%	108만 원
4천 600만 원 초과~ 8천 800만 원 이하	24%	522만 원
8천 800만 원 초과~ 1억 5천 만 원 이하	35%	1천 490만 원
1억 5천만 원 초과~ 3억 원 이하	38%	1천 940만 원
3억 원 초과~ 5억 원 이하	40%	2천 540만 원
5억 원 초과	42%	3천 540만 원

☑️ 산출세액과 결정세액

총 급여액 – 근로소득공제 = 근로소득 금액

근로소득 금액 – 인적공제 – 그밖의 소득공제 = 근로소득 과세표준

근로소득 과세표준 × 기본세율 = 산출세액

산출세액 – 세액감면 – 세액공제 = 결정세액

결정세액 – 기납부세액 = 납부 또는 환급세액

총 급여액에서 각종 소득공제 내역들을 제하고 나면 나에게 해당되는 근로소득 과세표준이 나오죠. 이 값에 해당되는 기본 세율을 곱하고 누진 공제액을 제하면 산출세액이 도출됩니다. 이 값은 세액공제를 받기 전 금액인데, 만약 세액공제를 받을 내역이 전혀 없다면 산출세액이 곧 결정세액이 되겠죠.

즉 산출세액에서 세액공제를 모두 제하고 난 금액이 결정세액입니다. 이 값의 결과에 따라서 내가 원천징수를 통해 이미 납부한 금액이 결정세액보다 더 크다면 돌려받고, 미리 납부한 금액이 결정세액보다 더 적다면 추가 납부를 하게 되죠.

3 인적공제?

연말정산을 위해 각 기업의 연말정산 전산 페이지에 접속했을 때 가장 상단에서 체크해야 되는 항목이 바로 '인적공제'입니다. 연말정산을 처음 접하는 사회초년생이라면 말할 것도 없고, 연말정산을 해봤다는 선배들도 할 때마다 헷갈려 하는데요. 자칫하면 과다공제로 추후 징수

를 당할 수 있기 때문에 연말정산의 기초 중 기초라고 생각하고 처음부터 개념을 확실하게 잡아두는 것이 좋습니다.

인적공제라는 단어만 보면 무슨 말인지 이해하기 힘들죠. 인적공제는 다른 말로 '부양가족 공제'라고도 하는데, 본인, 배우자, 부모, 형제 자매 등에 대해서 1인당 150만 원을 공제해 주는 겁니다. 이를 일반적으로는 '기본공제'라고 하고, 경로자 우대 공제, 장애인 공제 등의 추가공제도 있습니다. 기본공제와 추가공제를 합친 것을 인적공제라고 하는 거죠.

✅ 직계존속 공제

'인적공제' 하면 저는 '부모님'이 가장 먼저 떠오르는데요. 인적공제 중에서 직계존속 공제가 부모님과 조부모님에 대한 공제를 의미합니다. 물론 부모님이 살아계신다고 해서 무조건 공제를 해주는 것은 아닙니다.

직계존속 공제 기준
- **나이** : 만 60세 이상
- **생계** : 주민등록표 등본상의 동거
- **소득** : 연간 소득 금액 합계액 100만 원 이하

직계존속 공제를 받기 위해서는 먼저 부모님과 주민등록상 같은 주소에서 생활해야 합니다. 예외적으로 학업, 취업, 요양 등을 이유로 일시 퇴거하거나 직계존속의 주거 형편상 따로 거주할 경우에는 동거하는 것으로 인정해 줍니다. 부양가족 공제라는 이름에서도 알 수 있듯이 부모를 부양하는 것에 대해서 소득공제로 혜택을 주는 것이라고 보면 됩니다.

다만 한 부모 밑에 자녀가 여럿일 때는 문제가 될 수 있는데요. 가령 희애 씨에게 동생이 있다면 희애 씨와 동생 둘 중 1명만 부모님에 대해서 인적공제를 받을 수 있습니다. 여러 명의 자녀가 부모님을 중복해서 기본 공제로 신청할 경우 '중복 공제'로 인식되어 원래 내야 하는 세금 외에 가산세가 부과될 수 있기 때문에 형제자매 간에 사전 협의를 통해 누가 인적공제를 받을지 정하는 것이 좋습니다.

만약 부모님이 만 70세 이상이실 경우에는 추가로 100만 원을 공제받을 수 있습니다. 또한 부모님 중 장애인이 계시다면 장애인 공제로 200만 원을 추가로 공제받을 수 있습니다.

✅ 배우자 공제

배우자 공제 역시 빼놓을 수 없죠. 말 그대로 나의 배우자에 대한 기본공제를 받는 것인데, 이는 반드시 함께 거주할 필요도 없고 나이도 무관합니다. 오로지 소득 기준만 충족하면 배우자 공제를 받을 수 있습니다. 여기서 배우자란 결혼식 진행 여부와는 상관없이 혼인 신고를 했다면 배우자로 인정됩니다.

배우자가 근로소득이 있을 경우 총 급여액이 500만 원 이하일 경우에만 기본공제 대상이 될 수 있습니다. 만약 배우자가 일용직으로 일한다면 연간 소득 금액에 일용직 근로자의 소득은 포함되지 않으므로 무조건 공제가 가능하죠. 기타 연금소득, 사업소득, 이자소득의 연간 소득 금액이 100만 원 이하라면 기본공제를 받을 수 있습니다.

만약 근로소득금액이 3천만 원 이하인 여성 근로자라면 배우자에 대해서 '부녀자 공제'로 50만 원을 추가로 공제받을 수도 있습니다. 부녀자 공제에서 배우자의 소득은 무관합니다. 배우자가 없는 여성 근로자도 기본공제 대상인 부양가족이 있는 세대주일 경우엔 마찬가지로 부녀자 공제를 추가로 받을 수 있습니다.

또한 한부모가구로서 배우자 없는 근로자가 기본 공제 대상인 직계비속 또는 입양자를 부양하는 경우에도, 한부모가구 공제로 연 100만 원의 추가 공제를 받을 수 있으니 꼼꼼하게 챙기는 것이 중요합니다.

3DAYS PROJECT

소득공제

▶ 소득공제와 세액공제 알아보기
▶ 공제 비율 확인하기

 "돈을 적게 쓰는 사람은 연말정산에서 돈을 돌려받지 못하는 것 아닌 가요?"

제가 재테크 강의를 나가면 생각보다 많은 분이 이 질문을 하시는데요. 아마 신용카드나 체크카드를 사용해 소비를 많이 해야 소득공제를 많이 받을 수 있다고 생각하기 때문일 겁니다. 연말정산에서 공제를 많이 받으려면 정말 소비를 많이 해야만 할까요? 살아가면서 반드시 해야만 하는 '소비'를 소득공제까지 제대로 받을 수 있는 도구로 활용하는 방법, 한번 알아보겠습니다.

1 소득공제 VS 세액공제

　　먼저 소득공제와 세액공제의 차이를 명확하게 알아봅시다. 연말정산 순서를 따라가 보면, 과세표준을 기준으로 과세표준 전 단계가 소득공제, 과세표준과 세율 적용 후 단계가 세액공제입니다.

　소득공제는 소득세를 계산할 때 특정 지출 금액을 '과세 대상 제외 소득'으로 증빙해서 공제받는 것을 말합니다. 즉, 세금의 근거가 되는 소득의 몸집을 작게 만드는 과정입니다. 대표적으로 체크카드와 신용카드 사용 내역, 현금영수증 내역, 대중교통 이용 내역 등이 해당되죠.

　반면 세액공제는 산출세액으로 도출된 값에서 금액을 공제하는 겁니다. 세금으로 부과된 금액 자체에서 감면받는 거죠. 대표적으로 연금저축과 보험료, 의료비, 기부금 등이 해당됩니다.

　소득공제는 세금의 근거가 되는 소득의 몸집을 줄이는 과정인 반면, 세액공제는 이미 도출된 세금 자체를 줄이는 과정이죠. 따라서 절세 효과 측면에서는 세액공제가 훨씬 힘이 셉니다.

'신용카드 등 소득공제'는 우리가 연말정산에서 접근하기 가장 쉬운 항목이기 때문에, 이 항목의 소득공제만큼은 완벽하게 알아둡시다. '신용카드 등 소득공제'라는 용어에는 신용카드, 체크카드, 현금영수증의 사용 내역이 모두 포함됩니다.

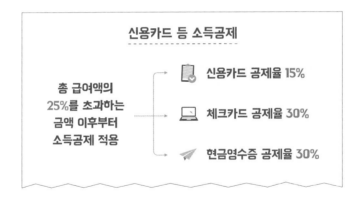

100원을 사용했다고 해서 100원부터 무조건적으로 소득공제가 적용되는 것이 아니고, '총 급여액의 25%를 초과하는 금액부터 소득공제 적용'이라는 조건이 있습니다. 즉 희애 씨의 총 급여액이 4천만 원이라면

총 급여액의 25%인 1천만 원을 초과하는 금액부터 소득공제를 받는다는 말입니다.

다시 말해 1천만 원까지는 아무런 공제 혜택이 없고, 1천만 원을 초과하는 1원부터 소득공제 혜택이 적용됩니다. 만약 근검 절약이 체화된 사람이라 평소 연간 총 급여액의 25%도 사용하지 않는다면, 구태여 소득공제 혜택을 챙기기 위해 이 기준을 충족하고자 과소비할 필요는 없습니다.

공제되는 비율은 소비 수단마다 다릅니다. 신용카드는 15%, 체크카드와 현금영수증은 30%입니다. 아무리 재테크 초보여도 "연말정산에서는 신용카드보다 체크카드가 유리하다"라는 말 한 번쯤 들어보았을 겁니다. 이는 소득공제 비율 때문에 생긴 말입니다. 같은 1만 원을 사용해도 신용카드는 1천 500원을 공제받지만, 체크카드와 현금영수증은 3천 원을 공제받습니다.

신용카드 등 소득공제

**총 급여액 4천만 원인 A와 B, 2020년 한 해 동안 동일하게 2천만 원을
소비했다. 누가 소득공제를 더 많이 받을 수 있을까?**

신용카드 1천 500만 원

체크카드 500만 원

A

B

신용카드 1천만 원

체크카드 1천만 원

직접 계산을 해볼게요. 총 급여액은 4천만 원으로 동일합니다. A와 B
2020년 둘 다 2천만 원을 소비했는데, 신용카드와 체크카드 사용분은 조
금 다릅니다. 누가 소득공제를 더 많이 받을 수 있을까요? 단, 명심할 것
이 하나 있습니다. 국세청에서 해당 소득공제 요건을 계산할 때 비교적
소득공제율이 낮은 '신용카드'부터 적용하여 계산한다는 거죠. 답은 누구
인가요?

네, 답은 B죠. 비교적 공제율이 낮은 신용카드부터 차례대로 공식에 대
입하면 A는 225만 원 공제, B는 300만 원 공제라는 값이 나옵니다. 특히
총 급여액이 7천만 원 이하인 사람이 받을 수 있는 공제 한도가 연 300만
원이기 때문에 B는 본인이 받을 수 있는 신용카드 등 소득공제 항목에서
최대를 받은 겁니다.

소비 수단의 황금비율

그렇다면 이번 장의 결론은 무엇일까요? 역시 소비 수단은 체크카드나 현금이다? 아닙니다. 소비에도 황금비율이라는 것이 있습니다. 연중 본인의 소비액을 수시로 체크하면서 소비 수단을 변경할 필요가 있습니다. 소비액 확인은 분기에 한 번 정도가 적당합니다.

✅ 소비 금액이 총 급여액의 25%를 넘지 않은 경우

확인 시점 기준으로 나의 소비 금액이 총 급여액의 25%를 넘지 않았을 때, 심지어 올해 남은 기간 동안에도 마찬가지일 것 같을 때는 굳이 소득공제를 챙기기 위해 애쓸 필요가 없습니다. 신용카드 등 소득공제 항목을 포기하고 다른 소득공제 혹은 세액공제를 노려보는 것이 좋겠죠. 이때는 신용카드 사용이 혜택 면에서 유리합니다.

소득공제 측면에서는 체크카드와 현금영수증이 신용카드보다 유리하지만, 보통은 체크카드나 현금보다 신용카드의 혜택이 훨씬 좋은 편이죠. 연회비가 있는 것을 감안하더라도 할인율이나 포인트 적립 가능 금액에

서 차이가 납니다. 소득공제 혜택을 포기하더라도 카드 혜택은 최고 효율
을 만드는 것이 좋겠죠.

✅ 소비 금액이 총 급여액의 25%를 넘었으나, 아직 최대 공제 한도는 미달일 경우

이에 해당된다면 총 급여액 25%까지는 혜택이 비교적 좋은 신용카드
를 사용하고, 25%를 초과하는 금액부터는 소득공제 비율이 높은 체크카
드나 현금을 사용하는 것이 좋습니다. 이 방법으로 소비를 하게 되면 총
급여액의 25%를 달성할 때까지는 신용카드의 쏠쏠한 혜택을 활용하고,
이후부터는 체크카드나 현금으로 소득공제 금액을 최대로 만들 수 있습
니다.

그러나 이 경우에도 무조건 체크카드나 현금영수증으로 갈아탈 것이
아니라, 가지고 있는 신용카드의 혜택을 살펴봐야 합니다. 소득공제 비율
15%와 30% 중 보다 높은 30%를 택하기 위해 신용카드 사용을 포기한
것이었죠.

만약 나의 신용카드를 줄곧 사용했을 때 받을 수 있는 혜택 금액이 소
득공제로 얻을 수 있는 혜택 금액보다 크다면? 통신사 할인이나 항공권
1+1 등 신용카드에는 몸집이 큰 혜택들이 존재하기 때문에 현실적인 금
액 비교는 필수입니다.

☑ 소비 금액이 소득 공제 한도 최대치를 초과한 경우

총 급여액 7천만 원 이하인 사람이 신용카드 등 소득공제로 받을 수 있는 한도는 300만 원이었죠. 만약 본인의 소비금액을 계산해 봤을 때 소득공제 한도를 초과했다면 소비에 적신호가 켜진 것이라고 볼 수 있습니다.

따라서 그때부터는 과한 소비를 주의하면서, 불가피하게 소비해야 할 경우 추가 소득공제를 노려서 연말정산에 보탬이 되는 방향을 찾아야 합니다. 도서 및 공연, 대중교통, 전통시장 등 추가 소득공제는 최대 300만 원 이외에 각각 별도의 한도가 있으므로 소득공제를 최대로 받을 수 있는 방법이 될 수 있습니다.

2020년 연말정산 정복

2020년, 코로나19 팬데믹으로 말도 많고 탈도 많은 한 해였습니다. 조세특례제한법에 따라 2020년 연말정산에 한시적으로 적용되는 개정 사항도 적지 않은데요. 혼란스러웠던 한 해를 잘 마무리하기 위해, 반드시 확인하고 넘어가야 할 부분들이 있습니다.

✅ 소득공제율

신용카드 등 사용금액에 대한 소득공제율은 각각 신용카드 15%, 체크카드와 현금영수증 30%, 문화비 30%, 전통시장 및 대중교통 40%로, 사용한 달과는 무관하게 정해져 있었습니다. 그러나 코로나19로 인한 경기위축을 감안해, 정부는 2020년 연말정산에 한정하여 사용 월에 따라 소득공제율을 약간 높였습니다.

1~2월, 8~12월은 이전과 동일합니다. 변동 사항 없이 신용카드 15%, 체크카드와 현금영수증 30% 등 비율이 일체 동일한데요. 3월은 소득공제율이 각 항목당 2배씩 상향됩니다. 신용카드 30%, 체크카드와 현금영

수증 60%, 문화비 60%, 전통시장 및 대중교통 80%가 적용되는 것이죠. 4~7월은 결제 수단과 관계 없이 80%를 공제합니다.

결제 수단	1~2월	3월	4~7월	8~12월
신용카드	15%	30%		15%
체크카드 및 현금영수증	30%	60%	80%	30%
도서, 공연 및 미술관	30%	60%		30%
전통시장 및 대중교통	40%	80%		40%

✅ 소득공제 한도

2020년 연말정산은 한시적으로 신용카드 등 사용금액에 대한 소득공제 한도도 상향됩니다. 각 구간마다 한도액이 30만 원씩 상향되면서 최대 230만 원에서 330만 원까지 공제를 받을 수 있게 바뀌었습니다. 총급여 기준 7천만 원 이하는 330만 원, 7천만 원~1억 2천만 원 이하는 280만 원, 1억 2천만 원 초과는 230만 원으로 변경됩니다.

총 급여 기준	현행	개정
7천만 원 이하	300만 원	330만 원
7천만 원~1억 2천만 원	250만 원	280만 원
1억 2천만 원 초과	200만 원	230만 원

연말정산
찰떡궁합 상품

▶ 소득과 소비에 맞는 공제 상품 찾기

세금을 활용해 또 하나의 이윤을 창출해 내는, 일명 '세테크 고수'들은 신용카드 등 소득공제만 노리지 않습니다. 세제 혜택을 받을 수 있는 금융상품에 가입하죠. 은행에서 판매하는 수많은 상품 중 소득공제 혜택, 세액공제 혜택이 있는 상품을 잘 활용하기만 해도, 13월의 폭탄이 아닌 13월의 월급을 만들 수 있는 확률이 두 배 이상 커집니다.

1 소득공제 찰떡 상품

☑ 주택청약종합저축

흔히들 청약통장이라고 부르는 주택청약종합저축은 이미 앞에서 그 용도를 충분히 설명드렸습니다. 통장 그 자체가 가진 기능도 훌륭한데, 심지어 소득공제 혜택까지 있다는 사실 알고 계셨나요? 사회초년생에게 추천하는 통장 1순위를 차지할 만합니다.

> **주택청약통장 소득공제 요건**
> ---------------------------------
> ✔ 총 급여액 7천만 원 이하인 근로자
> ✔ 해당 과세 기간 중 주택을 소유하지 않은 무주택 세대주

청약통장으로 소득공제 혜택을 받기 위해서는 우선 근로소득자여야 합니다. 그중에 총 급여액이 7천만 원 이하, 해당 과세 기간 중 주택을 소유하지 않은 세대의 세대주에 해당되는 사람이 대상이 됩니다.

다만 가입일로부터 5년 이내에 청약통장을 해지하는 경우에는 무주택

확인서를 제출한 과세연도 이후에 납입한 금액의 6/100을 곱한 금액이 추징되므로 주의해야 합니다.

청약통장으로 소득공제를 받기 위해서는 청약통장을 가입한 은행에 다음 해 2월 말까지 무주택 확인서를 제출해야 하는데요. 홈택스 홈페이지 연말정산 간소화 서비스에 접속해서 자료를 다운로드받아 작성한 후 제출하면 됩니다. 매년 제출할 필요없이 최초 1회만 제출하면 된답니다!

☑ 노란우산공제

노란우산공제는 사실 개인 근로소득자에게는 무의미한 공제입니다. 사업자등록증이 있는 소기업, 소상공인이 가입할 수 있는 상품이기 때문이죠. 그러나 개인사업자라면 이 상품 역시 매년 최대 500만 원 한도 내에서 소득공제를 받을 수 있으니 놓치지 말아야 할 알짜배기 상품이라고 할 수 있습니다.

☑ 소득공제 예시

주택청약통장 세제 혜택

✔ 납입 한도 : 연 240만 원
✔ 공제 금액 : 납입금액의 40%

그럼 계산을 한번 해볼게요. 2020년 한 해 동안 총 급여액 4천만 원을 받은 희애 씨는 세법상 무주택 세대의 세대주입니다. 1년 동안 청약통장에 저축한 금액은 240만 원입니다.

희애 씨가 청약통장으로 소득공제 혜택을 받을 수 있는 금액은 얼마일까요? 청약통장으로 공제받을 수 있는 공제 금액은 납입 금액의 40%인데, 납입 금액이 240만 원이므로 그의 40%인 96만 원이겠죠.

주의할 것은 '납입 한도'입니다. 청약통장의 세제혜택 납입 한도가 240만 원이라는 것은, 소득공제 혜택을 받을 수 있는 최대 금액이 240만 원이라는 말이죠. 즉, 희애 씨가 한 해 동안 청약통장에 300만 원을 저축했더라도 혜택을 받을 수 있는 금액은 최대 240만 원이라는 뜻입니다. 240만 원을 초과해서 저축하는 것은 청약통장 자체의 기능 측면에서는 전혀 문제 될 게 없지만, 세테크 측면에서는 한 상품에 모든 목돈을 저축하기보다는 분산하여 저축하는 것이 좋습니다.

2 세액공제 찰떡 상품

✅ 연금저축

연금저축 상품은 이름에서 추측할 수 있듯이 노후를 대비하는 상품입니다. 훗날에 이 상품에 저축한 금액을 월급처럼 받을 수 있는 거죠. 그래서 아무리 은행에서 젊은 직장인들에게 이 상품을 추천을 해도 거절하는 경우가 대부분이죠. 하지만 연금저축의 혜택을 노후에만 받을 수 있는 건 아닙니다. 아주 쏠쏠하게 공제받을 수 있는 대표적인 상품이죠.

연금저축에는 연금저축보험과 연금저축펀드가 있습니다. 과거엔 연금저축신탁도 있었지만 현재는 판매가 중지돼 두 가지 중에서 가입이 가능합니다. 은행들은 대부분 고객에게 연금저축보험을 추천하는데, 예금자보호 대상이라는 특징 때문입니다. 연금저축보험은 예금자보호 대상이며, 보험회사에서 내놓은 공시이율로 운용되죠.

반면 연금저축펀드는 말 그대로 '펀드'입니다. 펀드 투자를 통한 수익을 노리고 운용하는 상품이고, 공시이율이 정해져 있는 보험과는 다르게 고수익도 기대할 수 있습니다. 최근에는 저금리 기조일수록 연금저축보험보다는 연금저축펀드로 갈아타야 한다는 의견들이 다수를 이뤄서, 연

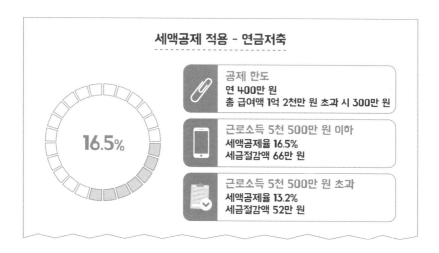

세액공제 적용 - 연금저축

16.5%

공제 한도
연 400만 원
총 급여액 1억 2천만 원 초과 시 300만 원

근로소득 5천 500만 원 이하
세액공제율 16.5%
세금절감액 66만 원

근로소득 5천 500만 원 초과
세액공제율 13.2%
세금절감액 52만 원

금저축 시장에 변화의 흐름이 일고 있습니다.

둘 중 무엇에 가입하든 세액공제 측면에서는 거의 동일한 혜택을 적용받습니다. 연금저축으로 세액공제를 받을 수 있는 공제 한도는 연간 400만 원, 총 급여액이 1억 2천만 원을 초과할 때는 연간 300만 원입니다. 세액공제율은 소득에 따라 나뉘게 되는데, 근로소득이 연간 5천 500만 원 이하인 경우에는 공제율 16.5%를 적용받고 근로소득이 연간 5천 500만 원을 초과할 때는 공제율 13.2%를 적용받게 됩니다. 만약 연간 총 급여액 4천만 원을 받는 희애 씨가 1년 동안 연금저축보험에 총 400만 원 저축했다면, 16.5%의 공제율을 적용받아 총 66만 원의 세액공제 혜택을 받을 수 있습니다.

보통 연금저축을 추천하면 "노후까지 돈을 묶어놔야 하니까" 하면서 가입을 거절하는 경우가 많습니다. 그들은 차라리 적금을 넣겠다고 얘기하죠. 그러나 매년 연말정산으로 추가 징수되는 세금을 모두 합산해 보면 한 달 월급을 훌쩍 넘는 금액이 되는 경우가 상당수입니다.

매년 연금저축을 활용해서 세액공제 혜택을 받을 수 있는 금액을 따져 본다면, 평생 적금으로 야금야금 모은 이자보다 훨씬 큰 금액이 됩니다. 당장 손에 쥘 수 있는 현금만 생각하지 말고, 내 인생 전체를 고려했을 때 어느 쪽이 더 이득인지를 따지는 것이 현명한 재테크라는 것을 명심해야 합니다.

☑ 개인형 IRP

앞서 퇴직연금 편에서 설명 드린 개인형 IRP는 세액공제 측면에서 연금저축과 좋은 짝꿍이라고 할 수 있습니다. 구조도 거의 비슷한데요. 개인형 IRP로 세액공제 혜택을 받을 수 있는 공제 한도는 700만 원. 공제율은 연금저축과 동일하게 근로소득이 5천 500만 원 이하인 경우에는 공제율 16.5%, 근로소득이 5천 500만 원을 초과하는 경우에는 공제율

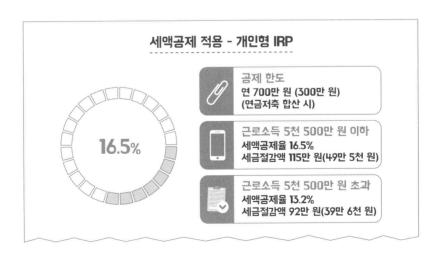

세액공제 적용 - 개인형 IRP

공제 한도
연 700만 원 (300만 원)
(연금저축 합산 시)

근로소득 5천 500만 원 이하
세액공제율 16.5%
세금절감액 115만 원(49만 5천 원)

근로소득 5천 500만 원 초과
세액공제율 13.2%
세금절감액 92만 원(39만 6천 원)

16.5%

13.2%를 적용받습니다.

여기에서 주의할 것은 공제 한도 700만 원이 연금저축 공제 한도 금액을 포함하고 있다는 건데요. 개인형 IRP에만 가입했을 때는 공제 한도 700만 원을 모두 인정받지만, 만약 연금저축의 최대 공제 한도인 400만 원을 저축한 상태라면 개인형 IRP는 300만 원까지만 공제 한도를 인정받을 수 있다는 이야기입니다.

따라서 근로소득 5천 500만 원 이하일 경우 각각의 세액공제액을 계산한다면 연금저축 66만 원, 개인형 IRP 49만 5천 원으로 총 115만 5천 원의 세액공제를 받게 되겠네요.

1DAY PROJECT

문화비 소득공제

▶ 지난 문화생활 영수증으로 소득공제 받기

영화, 연극, 뮤지컬, 전시 등 씹고 뜯고 맛보고 즐길 수 있는 문화생활의 종류는 참 많습니다. 특히 저는 뮤지컬의 화려한 음악과 무대를 좋아하는데요. 좋아하는 만큼 볼 수 있다면 좋겠지만 그 비용이 만만치 않죠. 그래서 기념일이나 생일에만 큰맘 먹고 뮤지컬을 관람했습니다.

저처럼 뮤지컬을 사랑하는 사람들에게 최근에 희소식이 생겼죠? 2018년 7월부터는 도서와 공연에 대한 소득공제가, 2019년 7월부터는 박물관과 미술관 입장료에 대한 소득공제가 추가 시행된 건데요. 이제 조금이나마 마음 편히 문화생활을 즐길 수 있지 않을까요?

문화비 소득공제?

문화비 소득공제는 급여소득자가 도서를 구입하거나 공연을 관람할 때, 또 박물관 및 미술과 입장료를 구매할 때 소득공제를 해주는 제도입니다. 중요한 점은 문화비 소득공제가 '추가공제 항목'이라는 겁니다. 기존에는 문화비 항목도 신용카드 등 소득공제 항목에 포함돼서 최대 300만 원까지 소득공제를 받을 수 있었는데, 이제는 문화비는 별도로 소득공제를 받을 수 있게 되었습니다. 대중교통, 전통시장까지 합쳐 최대 300만 원까지 가능합니다.

문화비 소득공제 공제율은 30%. 신용카드로 사용했을 때는 일반적인 공제율이 15%이지만, 신용카드로 문화비 명목으로 소비했을 때는 자동으로 문화비로 분류돼 30%로 적용받게 됩니다.

문화비 소득공제는 연간 총 급여액이 7천만 원 이하인 근로소득자 중에서, 신용카드 등 사용금액의 25%를 초과하는 경우에 받을 수 있는 공제 항목입니다. '추가공제 항목'이기 때문에 기존의 신용카드 등 소득공제 항목과 동일한 기본 조건이 적용됩니다.

2 문화비 소득공제를 받는 법

문화비 소득공제를 받기 위해서 우리가 할 일은? 없습니다! 문화비 소득공제에 필요한 절차는 우리가 소비하는 곳의 사업자가 사전에 해두기 때문이죠. 한국문화정보원에 소득공제 대상 사업자로 신청이 완료된 곳에서 우리가 신용카드나 체크카드, 현금 등을 사용해서 소비를 하면 자동으로 문화비 소득공제 내역으로 등록됩니다.

반대로 우리는 문화비라고 생각해도 문화비 소득공제 내역으로 분류되지 않는 경우가 종종 있는데요. 내가 소비한 해당 업체가 사전에 소득공제 대상 사업자로 신청하여 등록하지 않았다면 이런 일이 발생합니다. 소비 내역이 영화나 도서 등의 문화비에 해당해도 소득공제 혜택은 받을

수 없습니다.

다행히 이미 수많은 대형 및 중소기업이 문화비 소득공제 업체로 등록을 완료한 상태입니다. 우리가 많이 이용하는 교보문고, YES24, CGV 등은 물론 지자체의 문화 공간들도 마찬가지입니다. 그래도 만약을 대비해서 한국문화정보원 홈페이지에서 사업장 이름을 미리 검색해 봅시다. 문화비 소비를 통해 문화생활도 즐기고 문화비 소득공제도 챙기며, 두 마리 토끼를 다 잡기를 바랍니다.

3 문화비 소득공제 FAQ

☑ 록 페스티벌도 문화비 소득공제에 해당하나요?

네, 맞습니다. 록 페스티벌을 주최하는 판매자가 한국문화정보원에 대상 사업자로 등록돼 있고, 공연을 주목적으로 하는 록 페스티벌이라면 가능합니다. 다만 호텔 등에서 진행되는 페스티벌 안에 포함된 공연처럼 애매한 경우가 있습니다. 이는 단독 록 페스티벌이라고 보기 어렵기 때문에, 문화비 소득공제로 인정되지 않습니다.

☑ 사업자가 소득공제 업체로 등록됐는데도 소득공제가 불가한 경우가 있나요?

네, 있습니다. 결제 수단 자체가 소득공제가 안 되는 수단일 수 있거든요. 대표적으로 카드사 등의 적립 포인트는 소득공제를 받을 수 있는 결제 수단이 아니기 때문에 유의해야 합니다.

신용카드, 체크카드, 현금 등을 이용한 소비라고 하더라도, 본인 명의의 결제 수단이 아니라면 문화비 소득공제가 본인 명의로 진행되지 않습니다. 결제 수단의 명의자 앞으로 문화비 소득공제가 이뤄진다는 점도 염두에 두어야 합니다.

✅ 연말정산 시 추가 서류를 제출하지 않아도 되나요?

연말정산 간소화 시스템에서 내가 소비한 문화비에 대한 내역을 확인할 수 있다면, 별도의 서류를 제출할 필요가 없습니다. 내역에 문화비로 분류돼 전산에 입력돼 있다는 것은 이미 사업자의 등록 여부, 소득공제 가능한 결제 수단 여부 등 모든 검증이 완료된 상태라는 의미입니다. 이미 입력된 문화비 내역 외에 누락된 내역이 있다면, 별도로 증빙 자료를 첨부하여 신청할 수 있습니다.

1DAY PROJECT

의료비 세액공제

▶ 의료비 세액공제 대상 확인하기

연말정산 기간이 되면 마음이 괜히 조급해져서 '이것도 된다던데…?', '저것도 되나…?' 같은 생각이 들곤 합니다. 정확하게 알지도 못하면서 '카더라' 통신에 의존하게 되죠.

그중 대표적인 것이 '의료비 세액공제'입니다. 연중 병원에서 받은 치료비 영수증만 모으면 되는 것인지, 공제가 된다면 얼마까지 되는 것인지 등 그 기준이 모호해서 결국 연말정산 간소화 서비스에 자동으로 등록된 내역 외에는 추가 증빙을 하지 못하는 경우가 허다합니다.

1 의료비 세액공제란?

　　의료비 세액공제란 근로자 본인 또는 기본공제 대상자를 위해서 지출한 의료비의 세액을 공제해 주는 것을 말합니다. '치료' 목적으로 지출한 의료비가 공제 대상에 해당하죠. 성형이나 건강 증진을 목적으로 한 의약품 구입은 '치료'로 볼 수 없어 제외됩니다.

의료비 세액공제 대상
**근로자 본인 및 본인의 기본공제 대상자(나이 및 소득금액 제한 없음)인
배우자, 직계비속, 직계존속, 형제자매 등**

　　의료비 세액공제의 특이점은 기본공제 대상자가 요건을 충족하지 않더라도 기본공제 대상자를 위해 지출한 의료비에 관해 세액공제를 받을 수 있다는 겁니다. 직계존속인 부모님은 만 60세 이상이 돼야 인적공제에서 기본공제 대상자로 인정받지만, 의료비 세액공제는 예외입니다. 가령 어머니가 만 56세일 경우 인적공제 기본공제 대상자로 인정받을 수는 없지만 어머니를 위해서 지출한 의료비는 세액공제가 가능합니다.

의료비 세액공제 금액

의료비 세액공제 금액

✔ 의료비 총액 − (총 급여액 × 3%) × 15%

의료비 세액공제는 총 급여액의 3%를 초과하는 의료비에 대해서만 공제를 적용받을 수 있습니다. 초과분에 대해서는 15% 세액공제를 받을 수 있죠. 총 급여액으로 4천만 원을 받는 희애 씨의 경우 3%는 120만 원이므로, 만약 희애 씨가 만약 연간 의료비로 150만 원 지출했다면 총 30만 원에 대해서 15%인 4만 5천 원을 세액공제를 받을 수 있습니다.

시력교정용 안경과 콘택트렌즈 구입비도 의료비 세액공제 대상에 해당합니다. 오로지 시력교정용으로만 1인당 50만 원 한도로 공제받을 수 있기 때문에, 구입처에서 시력교정용이라는 증빙자료와 영수증을 함께 발급받아야 합니다.

산후조리원 비용은 기존에는 포함되지 않았지만, 2019년도부터 세법이 개정되어 총 급여액 7천만 원 이하인 사람에 한하여 출산 1회당 200만 원 한도로 세액공제가 가능하게 바뀌었습니다.

3 주의 사항

　　의료비를 계산하면 자동으로 떠오르는 것이 있죠. 바로
'보험'입니다. 의료비로 사용한 비용에 대해서는 실손 보험 등 개인이 가
입한 보험회사에 보험금을 청구할 수 있는데요. 2019년 연말정산부터는
실손 의료보험금을 수령한 의료비에 대해서는 세액공제를 배제하는 것으
로 세법이 개정되었습니다.

　　연말정산 시 의료비 세액공제 대상에서 차감될 금액이기 때문에 별도
의 증빙서류는 제출하지 않아도 되고, 홈택스에서 실손 의료보험금 수령
금액을 정확하게 조회한 후 세액공제 목록에서 제외시키면 됩니다.

2DAYS PROJECT

월세 세액공제

▶ 월세 세액공제 대상 확인하기
▶ 신청 방법 알아보기

근무지와 거주지가 너무 멀리 떨어져 있거나, 기타 다양한 이유로 많은 청년이 월세 형태로 거주하고 있습니다. 저도 꽤 오랜 기간 월세살이를 해봤는데요. 대학생 일때는 월세가 소위 말하는 '사라지는 돈'에 불과했는데, 오히려 일을 시작하고 나니 같은 월세살이여도 처지가 한결 나아졌습니다. 바로 월세 세액공제 덕분이었습니다.

월세 세액공제?

    임차인으로서 집주인(임대인)에게 월세를 지급한 내역도 세액공제로 혜택을 받을 수 있습니다. 세액공제는 과세표준과 세율을 적용한 후, 산출세액에서 직접 제하는 방식입니다. 연간 총 급여액 7천만 원 이하의 근로소득자이면서 일정 조건을 만족한다면, 세액공제를 받아 세금의 몸집을 확실하게 줄일 수 있습니다.

월세 세액공제

✔ 월세 세액공제 = 지급한 월세액 × 12%(15%)

✔ 세액공제율 = 총 급여액 5천 500만 원 이하: 15%

                     총 급여액 5천 500만 원 초과: 12%

    월세 세액공제를 통해서 지급한 월세액의 12% 혹은 15%를 공제받을 수 있는데요. 공제율은 소득에 따라 나뉩니다. 기존에는 일괄로 공제됐지만 개정을 통해 총 급여액 5천 500만 원 이하의 근로소득자의 경우 15%로 비교적 높은 공제율을 적용받게 됐습니다. 1년 동안 지급한 월세액 중

에서 연간 공제받을 수 있는 최대 금액은 750만 원까지입니다. 만약 공제를 12% 받는다면 90만 원, 15% 받는다면 112만 5천 원까지 혜택받을 수 있겠네요.

2 월세 세액공제 요건

☑ 연간 총 급여액이 7천만 원 이하인 근로소득자

근로소득이 있어야만 월세 세액공제를 받을 수 있습니다. 단, 공제받는
해당 연도의 12월 31일까지 무주택 세대주여야 합니다. 세대원은 세대주
가 주택 관련 공제를 받지 않은 경우에 혜택을 받을 수 있죠. 총 급여액은
7천만 원 이하여야 합니다. 만약 다른 소득이 발생했을 시에는 합산된 종
합소득 금액이 6천만 원 이하인 경우에만 혜택을 받을 수 있습니다.

☑ 전용 면적이 85제곱미터 이하이거나 기준 시가 3억 원 이하인 주택에 거주하는 자

2018년 이전에는 국민주택 규모, 즉 전용 면적 85제곱미터 이하에
거주하는 경우에만 세액공제가 가능했습니다. 다만 세법이 개정되면서
2019년부터 국민주택 규모 이하 혹은 기준 시가 3억 원 이하 주택에 거주
할 경우에도 공제를 받을 수 있게 됐죠. 요건은 한 가지만 충족하면 됩니다.

✅ 계약서와 주민등록등본의 주소지가 일치하는 자

월세 세액공제에서 가장 중요한 요건이라고 볼 수 있습니다. 임대차 계약서상의 주소와 주민등록등본의 주소가 일치해야 합니다. 계약서상의 임차인은 물론 근로자 본인이어야 하고요. 간혹 월세로 거주하는 청년들 중 주인의 요청에 따라 전입신고를 하지 않는 경우가 있는데, 이러한 경우 세액공제를 받을 수 없습니다. 전입신고는 세액공제 여부를 떠나 만약을 대비해 나의 권리를 보호받기 위한 필수 절차란 걸 명심하세요.

3 필요 서류 준비하기

필요 서류

- - - - - - - -

✔ 주민등록등본   ✔ 임대차 계약서 사본
✔ 월세 지급 증명 서류(계좌이체 영수증, 무통장입금증 등)

월세 세액공제를 받기 위해서는 위의 세 가지 서류를 제출해야 합니다. 이 서류들은 연말정산 간소화 서비스에서 자동 등록되지 않기 때문에 반드시 본인이 준비해야 합니다. 주민등록등본은 민원24 홈페이지나 주민센터에서 발급받을 수 있고, 임대차 계약서는 본인이 보관하고 있는 것을 복사하면 됩니다.

월세 지급 증명은 여러가지 방법으로 할 수 있는데, 먼저 은행 지점에 직접 방문하는 방법이 있습니다. 매달 월세를 이체한 통장에서 월세를 입금 받는 주인 이름이나 '월세'라고 직접 기입한 내역을 찾아 확인증을 요청하면 됩니다. 이때 업무를 보다 쉽게 처리할 수 있는 팁을 알려드릴게요. 평소에 주인에게 월세를 이체할 때, 적요란에 '월세'라고 기입하고 통장은 1개 통장만 이용하는 것이 좋습니다.

이외에도 은행 앱을 비롯한 다양한 간편 서비스를 활용했다면, 앱을 통해 월세 입금확인증을 발급받는 것도 가능합니다. 최근 많은 사회초년생이 이용하는 앱 토스에서는 고객센터에서 증빙 서류를 받을 수 있는 서비스를 제공하고 있습니다.

4 월세, 어떤 공제가 좋을까?

　　　　　월세에 대한 연말정산 혜택을 두고 세액공제와 소득공제 중 고민하는 경우가 있습니다. 이 두 가지 모두를 적용할 수는 없기 때문에 본인에게 유리한 선택지를 골라야 하는데, 사실상 세액공제가 더 유리하다고 할 수 있습니다.

　세액공제는 별도의 항목으로서 월세 세액공제를 받는 것이지만, 월세를 소득공제로 적용받는 방식은 월세액 지급 내역을 '현금영수증'으로 인정받아 적용하는 것입니다. 따라서 신용카드 등 소득공제와 마찬가지로 총 급여액의 25%를 초과하는 경우에만 혜택을 받을 수 있고, 만약 해당 항목의 최대 공제금액을 모두 충족한 경우라면 한 가지 공제를 더 받을 수 있는 기회를 스스로 버리는 것이라고 볼 수 있죠.

기부금 세액공제

▶ 기부영수증 세액공제 확인하기

연말정산 기간이 되면 평소 종교 관련 단체나 기관이 갑자기 분주해집니다. 한 해 동안 낸 기부금에 대한 영수증을 발급받으려는 사람들의 발길이 끊이지 않기 때문입니다.

저는 2018년 여름, 승일재단 중심으로 이뤄진 아이스버킷 챌린지에 참여하여 기부영수증을 자랑스럽게 제출했던 기억이 있습니다. 이 같은 기부 증빙 자료들이 우리에게 쏠쏠한 세액공제 혜택을 안겨줄 수 있다는 점, 알고 계셨나요?

기부금 세액공제?

          기부금 세액공제란 근로자 본인 및 본인의 기본공제 대상자인 가족들의 명의로 지출한 기부금에 대해서 세액공제를 받는 제도입니다. 기부금 세액공제는 기본공제 대상자의 나이 요건이 충족되지 않더라도 소득 요건만 충족하면 세액공제를 받을 수 있습니다. 단, 정치자금 기부금 및 우리사주조합 기부금은 근로자 본인이 기부한 내역만 공제가 가능합니다.

  기부처에서 국세청에 해당 내역을 신고했다면 연말정산 간소화 서비스에서 조회가 가능하고, 만약 조회가 되지 않는 경우에는 기부처에 직접 방문해서 기부영수증을 받아서 따로 입력하면 됩니다. 다만 종교 단체에서 작명이나 사주 등을 위해서 지출한 내역은 기부금으로 인정받을 수 없기 때문에 이 부분은 주의해야 합니다.

2 기부금 세액공제 공제금액

기부금의 종류는 정치자금 기부금, 법정기부금, 우리사주조합 기부금, 지정 기부금으로 나뉩니다. 정치자금 기부금은 특정 정당 및 선거관리위원회에 기부하는 것이고, 법정 기부금은 국가나 지방자체 단체에 기부하는 금품, 천재지변으로 생기는 이재민 구호금품 등을 의미합니다.

우리사주조합 기부금에서 '우리사주조합'이란 회사가 구성원들에게 자사 주식을 취득 및 보유하게 하는 '우리사주제도'를 위한 단체를 말합니다. 지정 기부금은 우리가 가장 쉽게 접근하는 종교 단체, 사회복지 시설, 노동조합 납부 회비 등이 해당합니다.

지급한 법정 기부금, 우리사주조합 기부금, 지정 기부금은 공제 대상 기부금 지출액의 15%를 공제받을 수 있습니다. 기부금 지출액이 만약 1천만 원을 초과하면 초과부분에 대해서는 30%를 공제받게 되죠.

다만 정치자금 기부금의 경우 공제 방식이 상이한데요. 정치자금 기부금이 10만 원 초과 3천만 원 이하이면 15%를, 그 금액이 3천만 원을 초과하면 25%의 세액공제를 받습니다.

3 기부금 세액공제 한도

기부를 얼마나 하느냐는 본인의 자유이지만, 기부금 세액공제를 받을 수 있는 공제 한도는 정해져 있습니다. 본인의 근로소득금액에 따른 일정한 한도 내의 기부금 지출액에 대해서만 세액공제를 받을 수 있습니다.

특이한 것은 다른 세액공제 항목과 달리 기부금 세액공제는 이월 공제가 가능하다는 점입니다. 2019년부터는 10년 동안 이월 공제가 가능하도록 변경되었습니다. 기부영수증을 제출할 때 이에 관한 내역을 기재한 다음 연말정산 기간에 제출하면 됩니다.

1DAY PROJECT

퇴사자의 연말정산

▶ 퇴사/입사 시기에 맞게 연말정산 하기

프로 이직러였던 저는 연말정산도 정말 많이 했습니다. 어느 해에는 1년에 2번씩 연말정산을 해야 했는데, 그 이유가 뭔지 짐작이 되시나요? 이직을 한 첫해는 전 직장에서 하지 못한 연말정산까지 처리해야 했기 때문이었죠.

퇴사를 해서 잠시 시간을 갖고 있는 분들, 이직에 성공해서 새로운 직장에서 터를 잡은 분들. 이전 직장에서의 연말정산은 어떻게 해야 할까요?

1 작년 퇴사 올해 이직

2019년도 9월에 퇴사한 희애 씨는 약 6개월간의 공백 동안 열심히 준비한 끝에 2020년도 3월에 바라던 직장으로 멋지게 이직 했습니다. 그런데 생각해 보니 이전 직장에서도 원천징수로 꽤 많은 세금을 냈는데, 연말정산을 하지 못하고 퇴사한 겁니다. 현재 직장은 2020년 부터 다녀서 상관이 없을 것 같은데, 희애 씨는 2019년 연말정산을 어떻게 해야 할까요?

세법에서는 한 해의 중간에 퇴사한 근로자에 대해서는 '퇴직한 달의 급여를 지급할 때' 연말정산을 진행하도록 정해두고 있습니다. 그러나 희애 씨는 2019년 9월, 즉 아직 한 해가 끝나지 않은 시점에 퇴사했으므로 모든 공제 자료를 반영하지 못하고 기본 공제사항들만 적용받은 채 연말 정산을 하게 됩니다. 즉, 중도 퇴사자들의 경우 이전 직장에서 기본 공제 사항만 적용된 연말정산만 한 상태로 퇴사하게 되는 겁니다.

그럼 이외에 사항들에 대해서는 언제 공제받을 수 있을까요? 바로 그 다음 해 5월 종합소득세 신고 납부 기간에 경정 청구를 진행하면 됩니다. 희애 씨는 2019년 분에 대한 연말정산을 2020년 5월에 진행하면, 퇴사할 때 공제받지 못한 소득공제나 세액공제를 모두 적용받을 수 있습니다.

실제로 저도 이직했을 때 다음 해 5월에 경정 청구로 추가 연말정산을 진행해 7월 경에 환급받았는데요. 여름에 받는 13월의 월급이라니 감회가 새롭더라고요. 여러분도 경정 청구, 잊지 마세요!

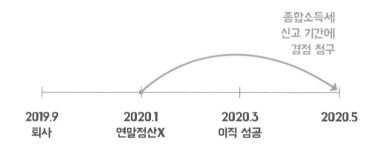

2020년 6월에 퇴사한 희애 씨. 약 4개월 간의 기간 동안 열심히 준비해 B회사로 이직하는 데 성공했습니다. 그런데 이번에는 다음 해로 넘어간 것이 아니라, 같은 해에 다른 회사로 옮긴 경우라서 상황이 조금 다르죠. 한 해에 두 직장에 다니게 됐다면 연말정산은 어떻게 진행해야 할까요?

희애 씨는 2020년 귀속 근로소득에 대한 연말정산을 B회사에서 진행합니다. 2020년 10월부터 12월에 대한 분은 B회사 소속이었기 때문에 어려울 것이 없습니다. 문제는 2020년 1월부터 6월까지 해당하는 연말정산입니다. 이때는 A회사 소속일 때의 원천징수 영수증을 B회사에 제출하여 함께 연말정산을 진행해야 합니다. A회사 소속 시 발생한 근로소득과 B회사 소속 시 발생한 근로소득을 합산하는 거죠.

그런데 만약 A회사에서 퇴사할 때 원천징수 영수증을 미리 챙기지 못했다면? 우선 가장 좋은 방법은 A회사 담당 부서에 연락하여 발급받는 것입니다. 홈택스 홈페이지에서 개인이 조회하여 출력할 수도 있지만, 이는 귀속 연도 다음 해 3월 이후에나 등록되기 때문에 일반적으로 1~2월에 진행되는 연말정산 기간을 놓치게 됩니다.

물론 앞서 살펴본 사례처럼 다음 해 5월에 종합소득세 기간을 노려봐도 되겠지만, 한꺼번에 처리하고 싶다면 A회사 담당 부서에 연락하거나 애초에 퇴사할 때 원천징수 영수증을 요청하여 발급받아 두는 것이 최선입니다.

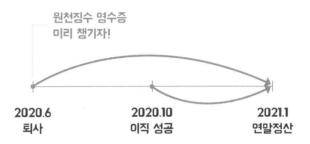

하루 5분
머니로그

1판 1쇄 발행 2020년 12월 24일
1판 2쇄 발행 2022년 10월 24일

지은이 손희애

발행인 양원석 **편집장** 박나미 **책임편집** 이정미
디자인 강소정, 김미선 **영업마케팅** 조아라, 이지원, 박찬희

펴낸 곳 ㈜알에이치코리아
주소 서울시 금천구 가산디지털2로 53, 20층 (가산동, 한라시그마밸리)
편집문의 02-6443-8827   **도서문의** 02-6443-8800
홈페이지 http://rhk.co.kr
등록 2004년 1월 15일 제2-3726호

ISBN 978-89-255-8927-5 (03320)